Yavaş Pişirme Sanatı
Lezzetin Zamana Meydan Okuması

Elif Kayaalp

Özet

Mavi Peynir FondüF

Bu fondüye hemen hemen her türlü mavi peynir yakışacaktır, ancak mavi Stilton özellikle işe yarayacaktır.

Karaciğer 12

225 gr Emmental veya Gruyère peyniri, rendelenmiş

1 yemek kaşığı 00 un

150 g/5 oz yumuşak peynir, oda sıcaklığında

75 g/3 ons mavi peynir, ufalanmış

yaklaşık 175 ml/6 fl oz sek beyaz şarap veya elma suyu

2 diş sarımsak, ezilmiş

2 taze soğan, ince dilimlenmiş

tatmak için kırmızı biber

kaşık: Fransız ekmeği küpleri, çeşitli sebzeler

Emmental veya Gruyère'i unla karıştırın. Peynirleri, şarabı veya elma suyunu, sarımsakları ve taze soğanları 1,5 litrelik yavaş ocakta birleştirin. Peynirler eriyene ve fondü sıcak olana kadar (1-1½ saat) kapağını kapatın ve kısık ateşte pişirin. Kırmızı biberle tatlandırın. Kaşıklarla servis yapın. Fondü çok koyulaşırsa daha fazla şarap, elma suyu veya biraz süt ekleyin.

Karides fondü

Dondurulmuş kullanıyorsanız karidesleri yavaş tencereye eklemeden önce çözmeyi unutmayın.

Karaciğer 12

100 gr Emmental veya Gruyère peyniri, rendelenmiş

100 g/4 ons Çedar peyniri, rendelenmiş

1 yemek kaşığı 00 un

225g/8oz yumuşak peynir, oda sıcaklığında

yaklaşık 175 ml/6 fl oz sek beyaz şarap veya elma suyu

1 diş sarımsak, ezilmiş

225 g pişmiş karides, soyulmuş, doğranmış

tatmak için kırmızı biber

kaşık: Fransız ekmeği küpleri, çeşitli sebzeler

Emmental veya Gruyère ve Cheddar peynirlerini unla karıştırın. Peynirleri, şarabı veya elma suyunu ve sarımsağı 1,5 litrelik / 2½ pintlik yavaş pişiricide birleştirin. Kapağını kapatıp peynirler eriyene ve fondü sıcak olana kadar kısık ateşte 1-1½ saat pişirin, pişirmenin son 15 dakikasında karidesleri ekleyin. Kırmızı biberle tatlandırın. Kaşıklarla servis yapın. Fondü çok koyulaşırsa daha fazla şarap, elma suyu veya biraz süt ekleyin.

Salsa soslu siyah fasulyeli cheesecakeF

Bu harika meze, brunch veya akşam yemeği için daha büyük parçalar halinde de servis edilebilir: Cheesecake dilimlerini hafifçe yağlanmış büyük bir tavada orta-düşük ateşte her iki tarafı da sıcak ve altın rengi kahverengi olana kadar soteleyin.

Karaciğer 24

yağlama için yağ

ekmek için kuru ekmek kırıntıları

550 g/1¼ lb yumuşak peynir, oda sıcaklığında

6 yumurta

400gr/14oz kutu siyah fasulye, durulanmış ve suyu süzülmüş

½ jalapeño veya dolmalık biber, ince doğranmış

2 yemek kaşığı ince doğranmış soğan

2 diş sarımsak, ezilmiş

2 çay kaşığı kurutulmuş kimyon

½ çay kaşığı kurutulmuş kekik

½ çay kaşığı biber tozu

½ çay kaşığı tuz

½ çay kaşığı acı biber

250 ml/8 fl oz. domates sosu

18cm/7 kelepçeli kalıbı yağlayın ve galeta ununu serpin. Büyük bir kapta yumuşak peyniri kabarıncaya kadar çırpın. Yumurtaları çırp. Sos hariç diğer malzemeleri karıştırın. Hazırlanan kızartma tavasına dökün ve 5,5 litrelik/9½ pintlik yavaş pişiricinin rafına yerleştirin. Yavaş pişiricinin üzerine üç kat mutfak kağıdı yerleştirin.

Cheesecake sertleşene ve cheesecake'in ortası ile kenarı arasına yarıya kadar yerleştirilen keskin bir bıçak neredeyse temiz çıkana kadar, yaklaşık 4 saat kadar yüksek ateşte pişirin. Kalıbı tel rafa aktarın ve 1 saat buzdolabında saklayın. Cheesecake'i kalıptan çıkarın ve tel ızgara üzerinde tamamen soğumasını bekleyin. 8 saat veya gece boyunca buzdolabında bekletin. Sosla birlikte servis yapın.

Tavuk karaciğer pate

Bu mükemmel pate kadifemsi bir dokuya ve bir miktar elma tatlılığına sahiptir.

Karaciğer 16

450 gr tavuk ciğeri

½ soğan, ince doğranmış

1 küçük elma soyulmuş ve ince doğranmış

2-4 yemek kaşığı brendi (isteğe bağlı)

100 g/4 oz tuzsuz tereyağı veya margarin, oda sıcaklığında

tatmak için tuz ve kırmızı biber

Yavaş pişiricide tavuk ciğeri, soğan ve elmayı karıştırın. Kapağını kapatıp yüksek ateşte, ciğerlerin ortası artık pembe olmayıncaya kadar, yaklaşık 3 saat pişirin. Karaciğer karışımını ve brendiyi bir mutfak robotu veya blenderde iyice pürüzsüz hale gelinceye kadar işleyin ve her seferinde 2 yemek kaşığı tereyağı veya margarin ekleyin. Tuz ve kırmızı biberle tatlandırın. Servis tabağına alıp soğuyuncaya kadar buzdolabında bekletin.

Zencefil ve soya ile tavuk kanadı

Çin'in beş baharat tozu, soya sosu, akçaağaç şurubu ve taze zencefil kökü muhteşem bir lezzet için bir araya geliyor.

Meze olarak 8 kişiliktir

1,5 kg/3 lbs (yaklaşık 16) kanat uçları çıkarılmış tavuk kanadı

75 ml/5 yemek kaşığı soya sosu

1 yemek kaşığı akçaağaç şurubu

1 yemek kaşığı taze zencefil kökü, ince rendelenmiş

3 diş sarımsak, ezilmiş

1½ çay kaşığı Çin beş baharat tozu

3 taze soğan, dilimlenmiş

1 yemek kaşığı susam tohumu, kızartılmış

Yavaş pişiricide taze soğan ve susam hariç tüm malzemeleri karıştırın. Kapağını kapatıp tam güçte 3-4 saat pişirin, 2 saat sonra yağı boşaltın. Tavuk kanatlarını bir tabağa dizin. Taze soğan ve susamla süsleyin.

Teriyaki Tavuk Kanatları

Bazı Japon tatları, basit tavuk kanatlarını daha ağız sulandıran bir lokmaya dönüştürür. Kanatların kızarmasını istiyorsanız, pişirildikten kısa bir süre sonra ızgarada pişirebilirsiniz.

Meze olarak 8 kişiliktir

1,5 kg/3 lb (yaklaşık 16) kanat uçları çıkarılmış tavuk kanadı, yarıya bölünmüş
350 g/12 ons açık kahverengi şeker
250 ml/8 fl oz soya sosu yani
2 yemek kaşığı kuru üzüm sosu
1 çay kaşığı öğütülmüş zencefil
½ çay kaşığı sarımsak tozu
1 yemek kaşığı kıyılmış taze maydanoz
1 yemek kaşığı kavrulmuş susam

Tavuk kanatlarını yavaş tencereye yerleştirin. Maydanoz ve susam hariç diğer kombine malzemeleri tavuk kanatlarının üzerine dökün. Kapağını kapatıp tam güçte 3-4 saat pişirin. Maydanoz ve susam serpin.

Tavuk Kanatları "Buffalo

Sıcak ve baharatlı tavuk kanatları, kremalı mavi peynir sosuyla servis edilir.

Meze olarak 8 kişiliktir

50 gr tereyağı veya margarin
4 yemek kaşığı tabasco sosu
1 yemek kaşığı damıtılmış beyaz sirke
1,5 kg/3 lb (yaklaşık 16) kanat uçları çıkarılmış tavuk kanadı, yarıya bölünmüş
tatmak için tuz ve taze çekilmiş karabiber
Mavi peynir sosu

Yavaş pişiricide tereyağı veya margarini, Tabasco sosunu ve sirkeyi karıştırın. Isıyı artırın ve tereyağı veya margarin eriyene kadar yaklaşık 15 dakika pişirin. Tavuk kanatlarını tuz ve karabiber serpin. Her tarafı yaklaşık 5 dakika olmak üzere, kızarana kadar ızgara yapın. Yavaş pişiriciye ekleyin ve tereyağı karışımını karıştırın. Kapağını kapatıp tam güçte 3-4 saat pişirin. Mavi peynir sosuyla servis yapın.

Mavi peynir sosuF

Çorbalar ve salatalar için lezzetli bir sos.

Karaciğer 8

175 ml/6 fl oz mayonez veya sos

40 gr mavi peynir, ufalanmış

1½ yemek kaşığı kırmızı şarap sirkesi

1 çay kaşığı kereviz tohumu

½ çay kaşığı tuz

bir tutam kırmızı biber

bir tutam karabiber

Bütün malzemeleri karıştır.

Pasilla Chilli Domates Soslu Köfte

Baharatlı köfteler daha da sıcak bir sosla servis edilir. Gerçekten acı sos seviyorsanız sadece üç biber kullanın! Köfteler önceden hazırlanıp dondurulabilir. Kullanmadan önce çözdürün.

Meze olarak 12 yapar

2-3 pasilla veya diğer acı biber

yağlama için yağ

2 kutu 400 g doğranmış domates

Tatmak için tuz

Jalapeño köftesi (aşağıya bakınız)

Biberleri hafifçe yağlanmış büyük bir tavada orta ateşte yumuşayana kadar pişirin. Sapları, tohumları ve damarları çıkarın. Biberleri ve domatesleri pürüzsüz hale gelinceye kadar bir karıştırıcıda karıştırın. Tuzla tatlandırın. Yavaş pişiricide domates karışımını ve köfteleri karıştırın. Kapağını kapatıp yüksek ateşte köfteler pişene kadar yaklaşık 4 saat pişirin. Servis sırasında sıcak tutmak için ısıyı Düşük konuma getirin.

Jalapeno köftesi

Kullandığınız toprağı değiştirebilirsiniz.

Meze olarak 12 yapar

225 g domuz eti bonfile veya diğer yağsız domuz eti, öğütülmüş

225 g/8 ons yağsız sığır eti

1 yumurta

15 g/½ ons kuru ekmek kırıntısı

½ soğan, ince doğranmış

2 diş sarımsak, ezilmiş

1 çay kaşığı çok ince doğranmış jalapeño veya diğer orta-acı biber

1 çay kaşığı kurutulmuş kekik

tatmak için tuz ve taze çekilmiş karabiber

Tüm malzemeleri bir kapta karıştırın. Karışımdan 24 adet köfte yapın.

tatlı ve ekşi köfteler

Basit bir biber-hardal sosu köftelerle iyi gider. Bu tarif, köftelerin yerine tütsülenmiş sosis veya 450 g sosisli sandviç konularak yapılabilir.

Meze olarak 12 yapar

Köfte (aşağıya bakın)
Kavanozdan 450ml/¾ pint biber sosu
275 g/10 ons kayısı reçeli
1 yemek kaşığı Dijon hardalı
1 yemek kaşığı limon suyu

Köfteleri diğer malzemelerle birlikte yavaş tencereye yerleştirin. Kapağını kapatıp yüksek ateşte köfteler pişene kadar yaklaşık 4 saat pişirin. Servis sırasında sıcak tutmak için ısıyı Düşük konuma getirin.

köfteler

Değişiklik olsun diye domuz etiyle yapın.

Meze olarak 12 yapar

450 g / 1 lb yağsız kıyma

20 g/¾ oz kuru ekmek kırıntısı

1 yumurta

2 yemek kaşığı kurutulmuş doğranmış soğan

1 çay kaşığı sarımsak tozu

½ çay kaşığı tuz

½ çay kaşığı biber

Tüm malzemeleri bir kapta karıştırın. Karışımdan 24 adet köfte yapın.

Izgara Ada Köftesi

Bu portakallı ve ananaslı mezede en sevdiğiniz barbekü sosunu kullanın.

Meze olarak 12 yapar

Köfte (yukarıya bakın)
450ml/¾ pint barbekü sosu
425 gr portakal marmelatı
¾ çay kaşığı öğütülmüş yenibahar
225 g ananas parçaları, süzülmüş olabilir

Köfteleri diğer malzemelerle birlikte yavaş tencereye yerleştirin. Kapağını kapatıp yüksek ateşte köfteler pişene kadar yaklaşık 4 saat pişirin. Servis sırasında sıcak tutmak için ısıyı Düşük konuma getirin.

Nadir yumurtalar

Enerji seviyenizi yüksek tutacak bol miktarda protein içeren ideal, hafif bir öğle veya akşam yemeğidir.

Karaciğer 6

225 gr rendelenmiş kaşar peyniri

225g/8oz yumuşak peynir, oda sıcaklığında

250 ml / 8 fl oz bira

½ çay kaşığı kuru hardal tozu

1/2 çay kaşığı Worcestershire veya mantar sosu

tatmak için kırmızı biber

6 dilim çok tahıllı ekmek, kızartılmış

175 g dilimlenmiş jambon, ısıtılmış

6 yumurta, haşlanmış

garnitür için çıtır pişmiş domuz pastırması, ufalanmış, kırmızı biber ve doğranmış frenk soğanı

Yavaş pişiricide peynirleri, birayı, hardal tozunu ve Worcestershire veya mantar sosunu karıştırın. Peynirler eriyene kadar kapağını kapatıp kısık ateşte, pişerken iki kez karıştırarak yaklaşık 2 saat pişirin. Kırmızı biberle tatlandırın. Kızaran ekmekleri servis tabaklarına dizin. Her birini biraz jambon ve haşlanmış yumurta ile süsleyin ve nadir karışımın üzerine dökün. Pastırma, kırmızı biber ve frenk soğanı üzerine serpin.

Kuşkonmaz ve peynirli domates çorbasıF

Bu çorbada kuşkonmaz, domates ve kaşar peynirinin hardalla vurgulanan lezzetleri harika.

Karaciğer 6

750ml/1¼ pint sebze suyu

400 g/14 oz doğranmış domates konservesi

1 soğan, doğranmış

1 havuç, doğranmış

½ çay kaşığı kuru mercanköşk

¼ çay kaşığı kuru hardal tozu

¼ çay kaşığı beyaz biber

100 g/4 ons pişirmesi kolay uzun taneli pirinç

550 gr kuşkonmaz, dilimlenmiş ve pişmiş

100 g/4 ons Çedar peyniri, rendelenmiş

Tatmak için tuz

Yavaş pişiricide pirinç, kuşkonmaz, peynir ve tuz dışındaki tüm malzemeleri karıştırın. Kapağını kapatıp kısık ateşte 8-10 saat pişirin, son 4 saatte pirinci, son 40 dakikada kuşkonmazı karıştırın. Peyniri ekleyip eriyene kadar karıştırın. Tuzla tatlandırın.

Közlenmiş Biber Soslu Patlıcan ÇorbasıF

Hızlandırmak için, bir kavanozda süzülmüş 350 g kavrulmuş kırmızı biber, tarifteki biberlerin yerine kullanılabilir.

Karaciğer 4

1,2 litre/2 pint sebze suyu
2 orta boy patlıcan, soyulmuş ve doğranmış (2 cm)
2 küçük soğan, doğranmış
¼ yeşil biber, doğranmış
2 diş sarımsak, ezilmiş
tatmak için tuz ve beyaz biber
Közlenmiş Kırmızı Biber Sosu (aşağıya bakın)

Tuz, beyaz biber ve közlenmiş kırmızı biber sosu dışındaki tüm malzemeleri yavaş pişiricide karıştırın. Kapağını kapatıp tam güçte 4-5 saat pişirin.

Çorbayı bir mutfak robotunda veya blenderde pürüzsüz hale gelinceye kadar işleyin. Tuz ve beyaz biberle tatlandırın. Ilık veya soğuk olarak servis yapın ve soğuk olarak servis yapın. Servis yapmadan önce her çorba kasesine büyük bir kaşık dolusu közlenmiş biber sosunu karıştırın.

Közlenmiş Kırmızı Biber SosuF

Bu tarif aynı zamanda 2,75 litre/4¾ pintlik yavaş pişiricide, tencere kullanılmadan da pişirilebilir. Pişirme süresi 3-3 buçuk saat olacaktır.

Karaciğer 4

2 büyük kırmızı biber, ikiye bölünmüş
1 çay kaşığı şeker

Biberleri derileri yukarı bakacak şekilde tel ızgara üzerine yerleştirin. Derileri pişip kararana kadar kavurun. Biberleri 5 dakika boyunca plastik bir torbaya koyun. Torbadan çıkarın ve derisini çıkarın. Biberleri ve şekeri bir mutfak robotunda veya blenderde pürüzsüz hale gelinceye kadar işleyin.

Tatlı ve Ekşi Lahana Çorbası

Bu zengin ve baharatlı lahana çorbası hem dana eti hem de hindi etiyle yapılıyor.

Karaciğer 8

225g/8oz sığır eti

225 gr öğütülmüş veya ince doğranmış hindi göğsü

yağlama için yağ

2,25 litre/4 litre kokulu et suyu

425 g/15 oz. hazırlanmış domates sosu

225 gr ince dilimlenmiş yeşil lahana

1 büyük soğan, doğranmış

1 havuç, dilimlenmiş

2 diş sarımsak, ezilmiş

2 yemek kaşığı sirke

2 yemek kaşığı esmer şeker

1 defne yaprağı

1 çay kaşığı kurutulmuş kekik

bir tutam öğütülmüş tarçın

90 gr kuru üzüm

100 g/4 ons pişirmesi kolay uzun taneli pirinç

tatmak için tuz ve taze çekilmiş karabiber

Sığır eti ve hindiyi hafifçe yağlanmış büyük bir tavada orta ateşte, kızarana kadar yaklaşık 5 dakika pişirin ve eti bir çatalla parçalayın. Et ve pirinç, tuz ve karabiber dışındaki diğer malzemeleri 5,5 litrelik yavaş pişiricide birleştirin. Kapağını kapatıp kısık ateşte 6-8 saat pişirin, son 2 saatte pirinci ekleyin. Defne yaprağını atın. Tuz ve karabiberle tatlandırın.

Kremalı havuç çorbasıF

Bu lezzetli çorbaya portakal ve zencefil aroması eşlik ediyor. Ayrıca soğuk olarak servis edilmesi de harikadır.

Karaciğer 8

500 ml/17 fl oz sebze suyu

4 büyük havuç, dilimlenmiş

120 ml/4 fl oz dondurulmuş portakal suyu konsantresi

1 cm/½ adet taze zencefil kökü, kıyılmış

½ çay kaşığı kurutulmuş tarhun

½ çay kaşığı kurutulmuş kekik

375 ml/13 fl oz yarım yağlı süt

1 yemek kaşığı mısır nişastası

tatmak için tuz ve taze çekilmiş karabiber

ekşi krema, garnitür için

Yavaş pişiricide et suyunu, havuçları, portakal suyu konsantresini, zencefili ve otları karıştırın. Kapağını kapatıp 4-6 saat pişirin, son 30 dakika boyunca 250ml/8 fl süt ekleyin. Yavaş pişiriciyi açın ve 10 dakika pişirin. Geri kalan sütü ve mısır nişastasını ekleyip 2-3 dakika karıştırın. Çorbayı bir mutfak robotunda veya blenderde pürüzsüz hale gelinceye kadar işleyin. Tuz ve karabiberle tatlandırın. Her çorba kasesini bir parça ekşi kremayla kaplayın.

Karnıbahar ÇorbasıF

Bu kadifemsi çorba, baharatlı vurgular için köri tozu ve ezilmiş kırmızı biber gevreği ile tatlandırılır.

Karaciğer 4-6

750ml/1¼ pint sebze suyu

1 büyük karnabahar, çiçeklere bölünmüş

2 küçük havuç, doğranmış

1 soğan, doğranmış

1 kereviz çubuğu, dilimlenmiş

1 çay kaşığı köri tozu

¼ çay kaşığı ezilmiş kırmızı biber gevreği

250ml/8 fl oz yarım yağlı süt

½ limon suyu

tatmak için tuz ve taze çekilmiş karabiber

süslemek için kırmızı biber

Süt, limon suyu, tuz ve karabiber dışındaki tüm malzemeleri yavaş pişiricide karıştırın. Kapağını kapatıp tam güçte 4-6 saat pişirin. Çorbayı ve sütü bir mutfak robotunda veya blenderde pürüzsüz hale gelinceye kadar işleyin. Limon suyu, tuz ve karabiberle tatlandırın. Her çorba kasesine kırmızı biber serpin.

Kremalı karnabahar çorbası

Kendi sebzelerinizi yetiştirecek kadar şanslıysanız, bu kesinlikle denemeniz gereken bir şey.

Karaciğer 6

450 ml/¾ pint tavuk suyu

150 gr unlu patates, soyulmuş ve doğranmış

½ karnabahar, kabaca doğranmış

1 soğan, doğranmış

50 gr pırasa, doğranmış

450ml/¾ pint yarım yağlı süt

50 gr taze rendelenmiş parmesan peyniri

2 yemek kaşığı mısır nişastası

tatmak için tuz ve taze çekilmiş karabiber

garnitür için taze rendelenmiş hindistan cevizi

Yavaş pişiricide sosu, patatesi, karnabaharı, soğanı ve pırasayı karıştırın. Kapağı kapatın ve kısık ateşte 6-8 saat pişirin, son 30 dakika boyunca 375ml/13fl oz süt ve peynirle karıştırın. Yavaş pişiriciyi açın ve 10 dakika pişirin. Geri kalan sütü ve mısır nişastasını ekleyip 2-3 dakika karıştırın. Tuz ve karabiberle tatlandırın. Çorbayı bir mutfak robotunda veya blenderde pürüzsüz hale gelinceye kadar işleyin. Sıcak servis yapın veya buzdolabında soğutup soğuk servis yapın. Servis yaparken üzerine rendelenmiş hindistan cevizi serpin.

Kaşar, Brokoli ve Patates Çorbası

Çeşitlilik sağlamak için brokolinin bir kısmı veya tamamı karnabaharla ikame edilebilir.

Karaciğer 6

1 litre/1¾ pint tavuk veya sığır eti suyu

2 soğan, doğranmış

1 kereviz sapı, ince doğranmış

1 havuç, ince doğranmış

350 gr unlu patates, soyulmamış ve doğranmış

½ çay kaşığı kereviz tohumu

½ çay kaşığı kurutulmuş kekik

350 g/12 ons küçük brokoli çiçeği

250ml/8 fl oz yarım yağlı süt

2 yemek kaşığı mısır nişastası

225g/8oz yumuşak kaşar peyniri, rendelenmiş

tatmak için tuz ve taze çekilmiş karabiber

Brokoli, süt, mısır nişastası, peynir, tuz ve karabiber hariç tüm malzemeleri yavaş ocakta karıştırın. Kapağını kapatıp kısık ateşte 6 ila 8 saat pişirin, son 30 dakikada brokoliyi ekleyin. Ateşi açın ve 10 dakika pişirin. Kombine süt ve mısır nişastasını ilave edip 2 ila 3 dakika karıştırın. Peyniri ekleyin, eriyene kadar 2-3 dakika karıştırın. Tuz ve karabiberle tatlandırın.

Körili Tatlı Mısır ÇorbasıF

Çeşitli baharatlar ve hindistancevizi sütü bu çorbayı egzotik bir lezzet haline getiriyor.

Karaciğer 6

450ml/¾ pint sebze suyu

350 g/12 oz tatlı mısır (dondurulmuşsa çözülmüş)

3 soğan, doğranmış

1 jalapeño veya diğer acı biber, ince doğranmış

3 büyük diş sarımsak, ezilmiş

2,5 cm/1 adet taze zencefil kökü, ince rendelenmiş

½ çay kaşığı öğütülmüş kimyon

½ çay kaşığı öğütülmüş tarçın

250ml/8 fl oz yarım yağlı süt

400 g/14 oz hafif hindistan cevizi sütü konservesi

2 yemek kaşığı mısır nişastası

tatmak için tuz ve taze çekilmiş karabiber

garnitür için doğranmış taze kişniş

Yavaş pişiricide sos, mısır, soğan, kırmızı biber, sarımsak, zencefil ve baharatları karıştırın. Kapağını kapatıp kısık ateşte 6-8 saat pişirin, son 30 dakika boyunca sütü karıştırarak pişirin. Ateşi açın ve 10 dakika pişirin. Birleşik hindistancevizi sütünü ve mısır nişastasını ekleyin, 2 ila 3 dakika karıştırın. Tuz ve karabiberle tatlandırın. Her çorba kasesine taze kişniş serpin.

mantar çorbasıF

Bu mantar çorbası her türlü mantarla iyi uyum sağlar. Daha zengin bir tat için, az yağlı süt yerine tam yağlı süt veya krema kullanın.

Karaciğer 4

750ml/1¼ pint sebze suyu
450 g/1 lb mantar, dilimlenmiş
2 soğan, doğranmış
375 ml/13 fl oz yarım yağlı süt
2 yemek kaşığı mısır nişastası
tatmak için tuz ve taze çekilmiş karabiber

Süt, mısır nişastası, tuz ve karabiber hariç tüm malzemeleri yavaş pişiricide karıştırın. Kapağı kapatın ve düşük ateşte 5-6 saat pişirin, son 30 dakika boyunca 250 ml/8 fl oz sütle karıştırın. Ateşi açın ve 10 dakika pişirin. Geri kalan sütü ve mısır nişastasını ekleyip 2-3 dakika karıştırın. Tuz ve karabiberle tatlandırın.

Brendi Soğan Çorbası

Bu çorba harika çünkü yavaş pişirme lezzetleri harmanlıyor. İsterseniz, malzemeleri yavaş tencereye eklemeden önce soğanları 1 çorba kaşığı tereyağı veya margarinle büyük bir tavada orta-düşük ateşte altın kahverengi olana kadar pişirin.

Karaciğer 8

8 soğan, ince dilimlenmiş
2,25 litre/4 pint Kokulu Sığır Suyu veya Sığır Suyu
2-4 yemek kaşığı brendi (isteğe bağlı)
tatmak için tuz ve taze çekilmiş karabiber

Soğanları ve et suyunu 5,5 litrelik/9½ pintlik yavaş pişiricide birleştirin. Kapağını kapatıp kısık ateşte 6-8 saat pişirin. Brendi ekle. Tuz ve karabiberle tatlandırın.

Soğan ve Patates Çorbası

İyi sonuçlar için unlu patates kullanın.

Karaciğer 8

8 soğan, ince dilimlenmiş

2,25 litre/4 pint Kokulu Sığır Suyu veya Sığır Suyu

500 gr soyulmuş ve doğranmış patates

¼ çay kaşığı kurutulmuş mercanköşk

¼ çay kaşığı kurutulmuş kekik

2-4 yemek kaşığı brendi (isteğe bağlı)

tatmak için tuz ve taze çekilmiş karabiber

2 yemek kaşığı rendelenmiş Emmental veya Gruyère

Brendi, tuz, karabiber ve peynir dışındaki tüm malzemeleri yavaş tencerede karıştırın. Kapağını kapatıp kısık ateşte 6-8 saat pişirin. Brendi ekle. Tuz ve karabiberle tatlandırıp üzerine peynir serperek servis yapın.

Körili Patates ve Soğan ÇorbasıF

Kışın bu sıcak baharatlı çorbanın tadını çıkarın. Yazın çorba
bardaklarından soğuk olarak yudumlayın.

Karaciğer 4

1 litre/1¾ pint sebze suyu

6 soğan, kabaca doğranmış

350 gr patates, soyulmuş ve doğranmış

1 diş sarımsak, ezilmiş

1¼ çay kaşığı öğütülmüş kimyon

1¼ çay kaşığı öğütülmüş zerdeçal

1¼ çay kaşığı köri tozu

175 ml/6 fl oz yarım yağlı süt

tatmak için tuz ve taze çekilmiş karabiber

Süt, tuz ve karabiber dışındaki tüm malzemeleri yavaş
pişiricide karıştırın. Kapağını kapatıp kısık ateşte 6-8 saat
pişirin. Çorbayı ve sütü bir mutfak robotunda veya blenderde
pürüzsüz hale gelinceye kadar işleyin. Tuz ve karabiberle

tatlandırın. Ilık veya soğuk olarak servis yapın ve soğuk olarak servis yapın.

Kolay Körili Patates ÇorbasıF

Muhtemelen stokta bulunan çok basit malzemeler burada harika bir çorba yapmak için kullanılıyor.

Karaciğer 4

1 litre/1¾ pint sebze suyu

700 gr fırında patates, soyulmuş ve doğranmış

1 büyük soğan, doğranmış

1 elma, soyulmuş ve doğranmış

2 cm/¾ doğranmış taze zencefil kökü, ince rendelenmiş

2 büyük diş sarımsak, ezilmiş

½ çay kaşığı kimyon tohumu

2-3 çay kaşığı köri tozu

400 g/14 ons kutu domates

tatmak için tuz ve taze çekilmiş karabiber

Yavaş pişiricide domates, tuz ve karabiber dışındaki tüm malzemeleri karıştırın. Kapağını kapatıp kısık ateşte patatesler yumuşayana kadar yaklaşık 8 saat pişirin. Patates karışımının yarısını bir mutfak robotunda veya blenderde pürüzsüz hale gelinceye kadar işleyin. Yavaş tencereye dönün ve domatesleri ekleyin. Kapağını kapatıp yüksek ateşte 15 dakika pişirin. Tuz ve karabiberle tatlandırın.

Füme Peynir ve Patates ÇorbasıF

Füme Gouda kullanmanızı öneririm, ancak isterseniz başka bir füme peynir veya normal Cheddar da kullanabilirsiniz.

Karaciğer 4

1 litre/1¾ pint sebze suyu

700 gr fırında patates, soyulmuş ve doğranmış

1 büyük soğan, doğranmış

1 elma, soyulmuş ve doğranmış

2 büyük diş sarımsak, ezilmiş

400 g/14 ons kutu domates

175 ml/6 fl oz ekşi krema

1 yemek kaşığı mısır nişastası

tatmak için tuz ve taze çekilmiş karabiber

100 gr rendelenmiş füme Gouda peyniri

Yavaş pişiricide sosu, patatesleri, soğanı, elmayı ve sarımsağı karıştırın. Kapağını kapatıp kısık ateşte patatesler yumuşayana kadar yaklaşık 8 saat pişirin. Patates karışımının yarısını bir mutfak robotunda veya blenderde pürüzsüz hale gelinceye kadar işleyin. Yavaş tencereye dönün ve domatesleri ekleyin. Ekşi krema ve mısır nişastasını karıştırın ve yavaş tencereye ekleyerek 2 dakika karıştırarak pişirin. Kapağını kapatıp yüksek ateşte 15 dakika pişirin. Tuz ve karabiberle tatlandırıp üzerine peynir serperek servis yapın.

Vichyssoise kadife

Genellikle soğuk servis edilmesine rağmen bu pırasa ve patates çorbası sıcak olarak da servis edilir.

Karaciğer 6

450 ml/¾ pint tavuk suyu

600 gr unlu patates, soyulmuş ve doğranmış

1 soğan, doğranmış

50 gr pırasa, doğranmış

450ml/¾ pint yarım yağlı süt

2 yemek kaşığı mısır nişastası

tatmak için tuz ve taze çekilmiş karabiber

garnitür için doğranmış frenk soğanı

Yavaş pişiricide sosu, patatesi, soğanı ve pırasayı karıştırın. Kapağı kapatın ve son 30 dakika boyunca 375 ml/13 fl oz sütle karıştırarak 6-8 saat kısık ateşte pişirin. Yavaş pişiriciyi açın ve 10 dakika pişirin. Geri kalan sütü ve mısır nişastasını ekleyip 2-3 dakika karıştırın. Tuz ve karabiberle tatlandırın. Çorbayı bir mutfak robotunda veya blenderde pürüzsüz hale gelinceye kadar işleyin. Sıcak servis yapın veya buzdolabında soğutup soğuk servis yapın. Çorbanın her kasesine frenk soğanı serpin.

Olgun domates ve pırasa çorbasıF

İşte yazın en olgun domatesleri için mükemmel bir çorba. En iyi lezzet için asmada olgunlaşmış olanları seçin.

Karaciğer 6

1 litre/1¾ pint sebze suyu

6 büyük domates, doğranmış

2 pırasa (sadece beyaz kısımları), dilimlenmiş

3 diş sarımsak, ezilmiş

1 çay kaşığı kurutulmuş fesleğen

tatmak için tuz ve beyaz biber

6 yemek kaşığı ekşi krema

Süslemek için 6 dal taze fesleğen

Yavaş pişiricide tuz, karabiber, ekşi krema ve fesleğen dışındaki tüm malzemeleri karıştırın. Kapağını kapatıp kısık ateşte 6-8 saat pişirin. Çorbayı bir mutfak robotunda veya blenderde pürüzsüz hale gelinceye kadar işleyin. Tuz ve beyaz biberle tatlandırın. Ilık veya soğuk olarak servis yapın ve soğuk olarak servis yapın. Her çorba kasesini bir parça ekşi krema ve bir tutam fesleğenle süsleyin.

Vichyssoise kızartması

Geleneksel vichyssoisse'nin mükemmel bir çeşidi.

Karaciğer 6

450 ml/¾ pint tavuk suyu

600 gr tatlı patates, soyulmuş ve küp şeklinde kesilmiş

1 soğan, doğranmış

6 taze soğan, doğranmış

300ml/½ pint portakal suyu

4 yemek kaşığı süt

2 yemek kaşığı mısır nişastası

½ çay kaşığı öğütülmüş tarçın

½ çay kaşığı öğütülmüş topuz

tatmak için tuz ve taze çekilmiş karabiber

Yavaş pişiricide sosu, patatesi, soğanı ve taze soğanı karıştırın. Kapağını kapatıp kısık ateşte 6-8 saat pişirin, son 30 dakika portakal suyunu ekleyin. Yavaş pişiriciyi açın ve 10 dakika pişirin. Birleşik süt ve mısır ununu ekleyip 2 ila 3 dakika karıştırın. Tarçın ve topuzu ekleyin ve tuz ve karabiberle tatlandırın. Çorbayı bir mutfak robotunda veya blenderde pürüzsüz hale gelinceye kadar işleyin. Sıcak servis yapın veya buzdolabında soğutup soğuk servis yapın. Her çorba kasesine rendelenmiş portakal kabuğu serpin.

İki Mevsim Balkabağı Çorbası

Kışlık bal kabağı ve ev yapımı yaz kabakları bu mükemmel çorbada birleşiyor.

Karaciğer 6

750ml/1¼ pint sığır eti suyu

2 kutu 400 g doğranmış domates

400g kutu cannellini fasulyesi, suyu süzülmüş ve durulanmış

1 balkabağı, soyulmuş, çekirdekleri çıkarılmış ve doğranmış

2 kabak, dilimlenmiş

2 soğan, doğranmış

2 diş sarımsak, ezilmiş

1 çay kaşığı Worcestershire sosu

1 çay kaşığı kuru mercanköşk

½ çay kaşığı kurutulmuş biberiye

tatmak için tuz ve taze çekilmiş karabiber

Tuz ve karabiber dışındaki tüm malzemeleri 5,5 litrelik/9½ pintlik yavaş pişiricide birleştirin. Kapağını kapatıp tam güçte 4-6 saat pişirin. Tuz ve karabiberle tatlandırın.

Kıyılmış sebzeli kremalı domates çorbasıF

Çok iyi bildiğimiz o rahatlatıcı çorbanın yetişkin versiyonu ve büyük parça sebzeler.

Karaciğer 4

1 litre/1¾ pint sebze suyu

225 g/8 oz hazırlanmış domates sosu

175 g karnabahar, küçük çiçeklere bölünmüş

1 kabak, doğranmış

1 yeşil biber, doğranmış

2 soğan, doğranmış

175 g yeni patates, soyulmuş ve doğranmış

1 büyük diş sarımsak, ezilmiş

¾ çay kaşığı kurutulmuş fesleğen

¼ çay kaşığı kurutulmuş kekik

¼ çay kaşığı kurutulmuş mercanköşk

bir tutam kuru hardal tozu

175 ml/6 fl oz yarım yağlı süt

1 yemek kaşığı mısır nişastası

2 yemek kaşığı kuru şeri (isteğe bağlı)

tatmak için tuz ve taze çekilmiş karabiber

Süt, mısır unu, şeri, tuz ve karabiber dışındaki tüm malzemeleri yavaş tencerede karıştırın. Kapağını kapatıp tam güçte 4-6 saat pişirin. Kombine süt ve mısır nişastasını ilave edip 2 ila 3 dakika karıştırın. Şeri ekleyin. Tuz ve karabiberle tatlandırın.

Makarnalı Domates Çorbası

Hiçbir şey tatlı, güneşte olgunlaşmış domateslere, fesleğen ve kekik gibi yaz tatlarına benzemez. Kışın bile bu çorbayı yapmak için bahçenizdeki olgun domatesleri dondurun.

Karaciğer 6

750ml/1¼ pint Zengin tavuk suyu veya tavuk veya sebze suyu

1,5 kg domates, kabaca doğranmış

1 soğan, doğranmış

1 havuç, doğranmış

½ kereviz çubuğu, kıyılmış

1 diş sarımsak, ezilmiş

1 çay kaşığı kurutulmuş fesleğen

1 çay kaşığı kurutulmuş kekik

½ çay kaşığı anason, hafifçe ezilmiş

Yıldızcık, arpa veya halka gibi çorba için 100gr/4oz makarna

tatmak için tuz ve taze çekilmiş karabiber

süslemek için taze rendelenmiş Parmesan

Makarna, tuz, karabiber ve peynir dışındaki tüm malzemeleri 5,5 litrelik yavaş ocakta karıştırın. Kapağını kapatıp kısık ateşte 6-8 saat pişirin. Çorbayı bir mutfak robotunda veya blenderde pürüzsüz hale gelinceye kadar işleyin. Çorbayı yavaş tencereye geri koyun. Kapağını kapatıp 10 dakika kadar yüksek ateşte pişirin. Makarnayı karıştırın ve yaklaşık 20 dakika kadar al dente pişirin. Tuz ve karabiberle tatlandırın. Çorbanın her tabağına Parmesan peyniri serpin.

Bahçe hasat çorbasıF

İşte mükemmel bir yaz yemeği, ancak bahçenizde veya manavınızda mevsimine göre sebzeleri de çeşitlendirebilirsiniz.

Karaciğer 6

1,2 litre/2 pint sebze suyu

150 g Fransız fasulyesi (kısa parçalar halinde kesilmiş)

2 soğan, dilimlenmiş

1 kabak, dilimlenmiş

175 gr sarı yaz kabağı, dilimlenmiş kabak veya tart tavası gibi

2 küçük havuç, dilimlenmiş

1 küçük kırmızı biber, dilimlenmiş

1 küçük sarı biber, dilimlenmiş

75 g/3 oz. tatlı mısır

2 diş sarımsak, ezilmiş

½ çay kaşığı kurutulmuş fesleğen

½ çay kaşığı kurutulmuş kekik

75 ml/2½ fl oz yarım yağlı süt

tatmak için tuz ve taze çekilmiş karabiber

Süt, tuz ve karabiber dışındaki tüm malzemeleri 5,5 litrelik/9½ pintlik yavaş pişiricide birleştirin. Kapağını kapatıp kısık ateşte 8-10 saat pişirin, son 10 dakikada sütü ekleyin. Tuz ve karabiberle tatlandırın.

Hafif sebzeli çorba

Minestrone her zaman makarna içermez ve her zaman ağır, doyurucu bir çorba değildir. Eski bir favorinin bu hafif versiyonunun keyfini çıkarın.

Karaciğer 8

1,2 litre/2 pint sığır eti suyu

175 g/6 oz şekerli bezelye

175 g brokoli çiçeği

1 kabak, dilimlenmiş

1 büyük havuç, dilimlenmiş

150 g/5 ons kiraz domates, ikiye bölünmüş

1 soğan, doğranmış

1 kereviz çubuğu, kıyılmış

½ rezene soğanı, dilimlenmiş

2 diş sarımsak, ezilmiş

1 çay kaşığı kurutulmuş fesleğen

1 çay kaşığı kurutulmuş kekik

tatmak için tuz ve taze çekilmiş karabiber

Parmesanlı krutonlar (aşağıya bakın)

Tuz, karabiber ve Parmesanlı krutonlar dışındaki tüm malzemeleri 5,5 litrelik yavaş ocakta birleştirin. Kapağını kapatıp kısık ateşte 6-8 saat pişirin. Tuz ve karabiberle tatlandırın. Her çorba kasesine Parmesan krutonlarını serpin.

Parmesanlı krutonF

Bu leziz çıtır krutonlar Akdeniz lezzetleriyle çok iyi uyum sağlıyor.

8'i eşlik olarak teslim edin

3 dilim sert veya bir günlük İtalyan ekmeği, küp şeklinde kesilmiş (1–2 cm/½–¾ inç)
sebze pişirme spreyi sebze
2 yemek kaşığı taze rendelenmiş parmesan

Ekmek küplerine pişirme spreyi sıkın. Parmesan serpip karıştırın. Bir fırın tepsisine tek kat halinde yerleştirin. 190°C/gazlı 5/fanlı fırın 170°C'de ara sıra karıştırarak, altın rengi kahverengi olana kadar 8-10 dakika pişirin.

Fesleğen pestolu sebzeli çorbaF

Fesleğen seven Ceneviz kasabasında, aromatik Pesto di Basilico'nun eklenmesi, sebzeli çorbanın yerel versiyonunu farklı kılıyor.

Karaciğer 6

1,5 litre/2 ½ pint sebze suyu

400g kutu cannellini fasulyesi, suyu süzülmüş ve durulanmış

1 küçük pırasa (sadece beyaz kısmı), doğranmış

1 küçük havuç, doğranmış

½ kereviz çubuğu, kıyılmış

1 küçük sarı biber, doğranmış

1 büyük diş sarımsak, ezilmiş

225 gr sarı yaz kabağı (kabak veya tart tavası gibi) küp şeklinde kesilmiş

50 gr dondurulmuş bezelye, çözülmüş

100 g dirsek makarna, pişmiş

Fesleğen pesto (aşağıya bakın)

tatmak için tuz ve taze çekilmiş karabiber

Sosu, fasulyeyi, pırasayı, havucu, kerevizi, biberi ve sarımsağı 5,5 litrelik yavaş pişiricide karıştırın. Kapağını kapatıp yüksek ateşte 4-5 saat pişirin, son saatte kabakları ekleyin. Bezelye, makarna ve fesleğen pestosunu yavaş tencereye ekleyin ve 20 dakika daha pişirin. Tuz ve karabiberle tatlandırın. Çorbanın her tabağına Parmesan peyniri serpin.

fesleğen SosuF

Fesleğen pesto tekrar tekrar kullanacağınız bir şeydir. Hızlı bir yemek için pişmiş makarnaya karıştırmayı deneyin veya peynirli çubuklara alternatif olarak pişirmeden önce rulo haline getirilmiş, ardından katlanmış veya bükülmüş puf böreğinin üzerine sürün.

6'yı eşlik olarak teslim edin

15 g/½ ons taze fesleğen

1 diş sarımsak

1½ yemek kaşığı taze rendelenmiş Parmesan peyniri

1½ yemek kaşığı çam fıstığı veya file badem

1-2 yemek kaşığı zeytinyağı

1 çay kaşığı limon suyu

tatmak için tuz ve taze çekilmiş karabiber

Fesleğen, sarımsak, Parmesan ve çam fıstığı veya bademleri bir mutfak robotu veya blenderde karıştırın, çok ince doğranmış bir karışım elde edene kadar yavaş yavaş yağ ve limon suyunu ekleyin. Tuz ve karabiberle tatlandırın.

Domates soslu yaz çorbasıF

Mısır ve kabak, üzerine taze domates sosu eklenmiş ilginç ve renkli bir çorbadır.

Karaciğer 4

1 litre/1¾ pint sebze suyu

450 gr sarı yaz kabağı (kabak veya turta tavası gibi) doğranmış

2 büyük soğan, kabaca doğranmış

250 gr tatlı mısır

75 gr patates, soyulmuş ve doğranmış

1 büyük diş sarımsak, ince doğranmış

¼ çay kaşığı kuru hardal tozu

120ml/4 fl oz yarım yağlı süt

1-2 çay kaşığı limon suyu

tatmak için tuz ve taze çekilmiş karabiber

garnitür için doğranmış taze kişniş

Taze domates sosu (aşağıya bakın)

Yavaş pişiricide et suyu, kabak, soğan, 1 su bardağı tatlı mısır, patates, sarımsak ve hardalı birleştirin. Kapağını kapatıp tam güçte 4-6 saat pişirin. Çorbayı ve sütü bir mutfak robotunda veya blenderde pürüzsüz hale gelinceye kadar işleyin. Yavaş tencereye dönün ve kalan mısırı ekleyin. Kapağını kapatıp 10 dakika kadar yüksek ateşte pişirin.

Çorbayı limon suyu, tuz ve karabiberle tatlandırın. Her çorba kasesine taze kişniş serpin. Çorbaya karıştırmak için taze domates sosuyla servis yapın.

Taze Domates SosuF

Her türlü yemekle kombinlenebilecek pratik bir baharat.

Karaciğer 4

1 büyük, olgun domates, soyulmuş ve ince doğranmış
4 yemek kaşığı doğranmış taze kişniş
1 yemek kaşığı kırmızı şarap sirkesi
¼ çay kaşığı tuz

Tüm malzemeleri birleştirin ve tarifte belirtildiği şekilde kullanın.

Kolay Tortilla ÇorbasıF

Bu kolay tortilla çorbası, hazırlığı hızlandırmak için birçok kullanışlı malzeme kullanır. Aromalar sıcaktır, bu nedenle daha hafif bir biber aroması tercih ediyorsanız biber miktarını azaltın veya biber pullarını dışarıda bırakın.

Karaciğer 6

900ml/1½ pint sebze suyu

400 g/14 oz doğranmış domates konservesi

400 g biber fasulyesi, süzülmemiş

Kavanozdan 100 gr yeşil biber, suyu süzülüp doğranmış ve

2 küçük soğan, doğranmış

1 diş sarımsak, ezilmiş

2 çay kaşığı kırmızı şarap sirkesi

¼ çay kaşığı ezilmiş kırmızı biber gevreği, tatmak için

15 g/½ ons taze kişniş, doğranmış

Tatmak için tuz

6 mısır ekmeği (15 cm/6 inç), 1 cm/½ inç şeritler halinde kesilmiş

sebze pişirme spreyi sebze

½ küçük avokado, soyulmuş ve doğranmış

Kişniş, tuz, tortilla cipsi, pişirme spreyi ve avokado dışındaki tüm malzemeleri 5,5 litrelik yavaş pişiricide karıştırın. Kapağını kapatıp kısık ateşte 6-8 saat pişirin. Kişnişi ekleyin ve tuzla tatlandırın. Tortilla şeritlerini fırın tepsisine yerleştirin. Pişirme spreyi sıkın ve fırlatın. 190°C/gazlı 5/fanlı fırın 170°C'de, çıtır çıtır olana kadar, yaklaşık 5 dakika pişirin. Tortilla şeritlerini ve avokadoyu her kaseye yerleştirin. Çorbanın üzerine dökün.

Eski usul tavuk ve sebze çorbası

Sebzelerle dolu bu doyurucu, ev yapımı çorba tıpkı büyükannemin yaptığı gibi.

Karaciğer 6

1,2 litre/2 litre tavuk suyu

450 gr derisiz tavuk göğsü filetosu (2 cm) doğranmış

275 g mumlu patates, soyulmuş ve doğranmış

100 gr lahana, ince dilimlenmiş

2 küçük havuç, dilimlenmiş

130 gr şalgam veya yaban havucu, küp şeklinde kesilmiş

½ kereviz çubuğu, dilimlenmiş

3 taze soğan, dilimlenmiş

½ bardak karnabahar, küçük çiçeklere bölünmüş

50 gr orta boy yumurtalı erişte, pişmiş

tatmak için tuz ve taze çekilmiş karabiber

Karnabahar, erişte, tuz ve karabiber dışındaki tüm malzemeleri yavaş tencerede karıştırın. Kapağını kapatıp kısık ateşte 6 ila 8 saat pişirin, son 30 dakikada karnabaharı ve erişteyi ekleyin. Tuz ve karabiberle tatlandırın.

Klasik Tavuk Şehriye Çorbası

Bu, en iyi haliyle rahatlatıcı yiyecektir ve yapımı da çok hızlıdır.

Karaciğer 4

900ml/1½ pint tavuk suyu

100g derisiz tavuk göğsü, doğranmış (2cm)

100gr/4oz kemiksiz tavuk budu, doğranmış (2cm)

1 büyük kereviz çubuğu, dilimlenmiş

1 büyük havuç, dilimlenmiş

2 soğan, doğranmış

1 çay kaşığı kuru mercanköşk

1 defne yaprağı

150 g/5 ons pişmiş büyük erişte

tatmak için tuz ve taze çekilmiş karabiber

Yavaş pişiricide erişte, tuz ve karabiber dışındaki tüm malzemeleri karıştırın. Kapağını kapatıp tam güçte 4-6 saat pişirin, son 20 dakikada erişteleri ekleyin. Defne yaprağını atın. Tuz ve karabiberle tatlandırın.

Tavuk ve Sebzeli Erişte Çorbası

Bu Tavuklu Erişte Çorbası, ekstra fayda ve beslenme için sebzelerle doludur. Balzamik sirke eşsiz bir lezzet derinliği katıyor.

Karaciğer 6

2,25 litre/4 litre zengin tavuk suyu veya tavuk suyu
225 g derisiz tavuk göğsü filetosu, doğranmış (1 cm)
2 soğan, doğranmış
1 büyük kereviz çubuğu, doğranmış
1 büyük havuç, doğranmış
1 yaban havucu, doğranmış
150 g Fransız fasulyesi (kısa parçalar halinde kesilmiş)
¾ çay kaşığı kurutulmuş kekik
¾ çay kaşığı kurutulmuş biberiye
1-2 çay kaşığı balzamik sirke

175 g/6 ons küçük brokoli çiçeği

50 gr dondurulmuş bezelye, çözülmüş

100g/4oz erişte, pişmiş

tatmak için tuz ve taze çekilmiş karabiber

Brokoli, bezelye, erişte, tuz ve karabiber dışındaki tüm malzemeleri yavaş tencerede karıştırın. Kapağını kapatıp tam güçte 4-6 saat pişirin, son 20-30 dakika boyunca brokoliyi, bezelyeyi ve spagettiyi karıştırın. Tuz ve karabiberle tatlandırın.

Köy Tavuklu Erişte Çorbası

Haşlanmış tavuk ve ev yapımı yumurtalı erişteyle yapılan bu çorba, geleneksel lezzetlerle dolu.

Karaciğer 6

1 küçük tavuk (yaklaşık 2lbs/900g), parçalar halinde kesilmiş

1,5 litre/2½ pint su

1 büyük havuç, dilimlenmiş

175 gr tatlı mısır

1 küçük soğan, doğranmış

½ çay kaşığı kuru mercanköşk

Ülke erişteleri (aşağıya bakın)

50 gr dondurulmuş bezelye, çözülmüş

1 yemek kaşığı kıyılmış taze maydanoz

Yavaş pişiricide tavuğu, suyu, havuçları, mısırı, soğanı ve mercanköşkünü karıştırın. Kapağını kapatıp kısık ateşte 6-8 saat pişirin. Tavuğu yavaş pişiriciden çıkarın. Eti küçük parçalar halinde kesin ve yavaş tencereye geri koyun. Kapağını kapatıp tam güçte 30 dakika pişirin. Bir tencereye su koyup kaynatın. Tagliatelle'yi açın, tavaya koyun ve 3 dakika pişirin ve ardından süzün. Erişteleri bezelye ve maydanozla birlikte yavaş tencereye ekleyin ve 5 dakika daha pişirin. Tuz ve karabiberle tatlandırın.

Ülke eriştesiF

Kendi çorba eriştelerinizi yapmak çok kolaydır ve bunları sizin ve ailenizin tercih ettiği boyuta göre kesebilirsiniz.

6'yı eşlik olarak teslim edin

100 g/4 ons çok amaçlı un, ayrıca toz alma için ekstra

1 yumurta

1 yemek kaşığı su

¼ çay kaşığı tuz

Unu çalışma yüzeyine koyun. Ortasını havuz gibi açıp yumurtayı, suyu ve tuzu ekleyin. Unu yumurtaya yavaş yavaş çatalla karıştırarak bir hamur elde edin. Hamuru unlu bir yüzeyde pürüzsüz hale gelinceye kadar yoğurun, eğer hamur yapışkansa daha fazla un ekleyin. Hamuru üzeri örtülü olarak oda sıcaklığında 1 saat kadar dinlendirin. Hamuru hafifçe unlanmış bir yüzeyde 3 mm kalınlığında açın. Hamuru yuvarlayın ve 5 mm/¼ dilimler halinde kesin. Tarifte belirtildiği şekilde kullanın.

Alfabe Tavuk Çorbası

Çocuklar bu geleneksel tavuk çorbasındaki alfabenin harflerini çok seviyorlar ve onlara keyif alacakları besleyici yiyecekleri sunmanın daha iyi bir yolunu düşünemezsiniz.

Karaciğer 4

2,25 litre/4 litre tavuk suyu

450 gr derisiz tavuk göğsü filetosu, doğranmış (1 cm)

1 soğan, doğranmış

1 havuç, doğranmış

1 kereviz çubuğu, kıyılmış

1 büyük diş sarımsak, ezilmiş

1 büyük defne yaprağı

½ çay kaşığı kurutulmuş kekik

bir tutam kereviz tohumu

50g/2oz alfabe macunu

tatmak için tuz ve taze çekilmiş karabiber

Yavaş pişiricide makarna, tuz ve karabiber dışındaki tüm malzemeleri karıştırın. Kapağını kapatıp kısık ateşte 6-8 saat pişirin, son 20 dakikada makarnayı ekleyin. Defne yaprağını atın. Tuz ve karabiberle tatlandırın.

Tavuk Çorbası ve Tıknaz Erişte

Kilerde biraz erişte çorbası bulundurmaya değer. Tadı güzeldir çünkü pişerken çorbanın tadını emer, çekici bir görünüme sahiptir ve çorbanın daha güçlü olmasını sağlar.

Karaciğer 4

900ml/1½ pint tavuk suyu

400 g/14 oz doğranmış domates konservesi

225 gr derisiz tavuk göğsü filetosu (küp şeklinde kesilmiş)

2 soğan, doğranmış

½ yeşil biber, doğranmış

½ kırmızı biber, doğranmış

1 diş sarımsak, ezilmiş

¾ çay kaşığı kurutulmuş fesleğen

¾ çay kaşığı kurutulmuş kekik

100 g/4 oz ditalini

15 g/½ oz doğranmış taze maydanoz

tatmak için tuz ve taze çekilmiş karabiber

Makarna, maydanoz, tuz ve karabiber dışındaki tüm malzemeleri yavaş ocakta karıştırın. Kapağı kapatın ve yüksek ateşte 4 ila 6 saat pişirin, son 20 ila 30 dakika boyunca makarna ve maydanozu ekleyerek karıştırın. Tuz ve karabiberle tatlandırın.

Tavuk ve Pirinç Çorbası

Tarhun, şalgam ve yaban havucunun birleşimi bu çorbaya harika lezzetini veriyor.

Karaciğer 6

2,25 litre/4 litre tavuk suyu

450 gr derisiz tavuk göğsü filetosu, doğranmış (1 cm)

2 soğan, ince doğranmış

65 gr yaban havucu, kabaca doğranmış

65 gr şalgam, kabaca doğranmış

1 havuç, iri doğranmış

1 kereviz sapı, kabaca doğranmış

1 diş sarımsak, ince doğranmış

2 adet defne yaprağı

½ çay kaşığı kurutulmuş kekik

½ çay kaşığı kurutulmuş tarhun

100 g/4 ons pişirmesi kolay uzun taneli pirinç

tatmak için tuz ve taze çekilmiş karabiber

Pirinç, tuz ve karabiber dışındaki tüm malzemeleri 5,5 litrelik yavaş ocakta birleştirin. Kapağını kapatıp kısık ateşte 6-8 saat pişirin, son 2 saatte pirinci ekleyin. Defne yapraklarını atın. Tuz ve karabiberle tatlandırın.

Şehriyeli tavuk çorbası

İnci arpa çorbalarda eski bir favoridir çünkü lezzetin yanı sıra güzel bir doku da katar.

Karaciğer 6

1 litre/1¾ pint tavuk suyu

250 ml/8 fl oz su

350g derisiz tavuk göğsü filetosu, doğranmış (2cm)

2 soğan, doğranmış

1 küçük havuç, iri doğranmış

1 küçük kereviz sapı, kabaca doğranmış

1 diş sarımsak, ezilmiş

15 g/½ oz doğranmış taze maydanoz

½ çay kaşığı kurutulmuş kekik

1 defne yaprağı

65 gr inci arpa

tatmak için tuz ve taze çekilmiş karabiber

Tuz ve karabiber hariç tüm malzemeleri yavaş ocakta karıştırın. Kapağını kapatıp tam güçte 4-6 saat pişirin. Defne yaprağını atın. Tuz ve karabiberle tatlandırın.

Kaba Tavuk Çorbası

Pirinç bu çorbayı doyurucu yapar, ancak diğer tahılları da deneyebilirsiniz; darı, buğday meyvesi veya bulgur lezzetli olur.

Karaciğer 6

1,5 litre/2½ pint tavuk suyu

400 g/14 ons kutu domates

450 gr derisiz tavuk göğsü filetosu (2,5 cm) doğranmış

275 g konserve nohut, suyu süzülmüş, durulanmış

½ karnabahar, kabaca doğranmış

1 büyük soğan, doğranmış

1 küçük kereviz çubuğu, ince dilimlenmiş

1 küçük havuç, ince dilimlenmiş

1 çay kaşığı kurutulmuş fesleğen

1 çay kaşığı kurutulmuş kekik

1 çay kaşığı kuru mercanköşk

100 g/4 ons pişirmesi kolay uzun taneli pirinç

tatmak için tuz ve taze çekilmiş karabiber

Yavaş pişiricide pirinç ve tuz ve karabiber dışındaki tüm malzemeleri karıştırın. Kapağını kapatıp kısık ateşte 6-8 saat pişirin, son 2 saatte pirinci ekleyin. Tuz ve karabiberle tatlandırın.

Marullu Tavuk Ve Sebze Çorbası

Çabuk pişirilen frisée marulun tadı bu çorbada harikadır. Dilerseniz karalahana, pazı, su teresi veya ıspanak kullanabilirsiniz.

Karaciğer 6

1,5 litre/2 ½ pint tavuk suyu

700 gr derisiz tavuk göğsü filetosu (2 cm) doğranmış

400 g/14 oz doğranmış domates konservesi

2 orta boy yumuşak patates, soyulmuş ve doğranmış

1 büyük soğan, doğranmış

1 kereviz çubuğu, kıyılmış

1 havuç, doğranmış

2 büyük diş sarımsak, ezilmiş

1 ½ çay kaşığı kurutulmuş mercanköşk

½ çay kaşığı kurutulmuş fesleğen

50 g/2 ons ham arpa

½ frisée marul, kabaca doğranmış

tatmak için tuz ve taze çekilmiş karabiber

Arpa, marul, tuz ve karabiber hariç tüm malzemeleri 5,5 litrelik yavaş ocakta birleştirin. Kapağını kapatıp kısık ateşte 6-8 saat pişirin, son 20 dakikada arpayı ve marulu ekleyin. Tuz ve karabiberle tatlandırın.

Tavuk ve Biber Çorbası

Yeşil biberler baharatlı bir Meksika tadı katıyor. Canınız gerçekten sıcak bir şeyler çektiğinde dolabınızda bir kavanoz biber bulundurun!

Karaciğer 6

1 litre/1¾ pint tavuk suyu

225 g derisiz tavuk göğsü, doğranmış (2 cm)

Kavanozdan 100 gr yeşil biber, suyu süzülüp doğranmış ve

150 g konserve barbunya fasulyesi, suyu süzülmüş, durulanmış

175 g karnabahar, küçük çiçek salkımları halinde

1 soğan, ince doğranmış

1 kereviz sapı, ince doğranmış

1 büyük diş sarımsak, ezilmiş

2 yemek kaşığı mısır nişastası

50ml soğuk su

100 g/4 ons Çedar peyniri, rendelenmiş

tatmak için tuz ve taze çekilmiş karabiber

Mısır nişastası, su, peynir, tuz ve karabiber dışındaki tüm malzemeleri yavaş tencerede karıştırın. Kapağını kapatıp kısık ateşte 6-8 saat pişirin. Mısır unu ve suyu ekleyip 2-3 dakika karıştırın. Peyniri ekleyin, eriyene kadar karıştırın. Tuz ve karabiberle tatlandırın.

Bölünmüş bezelye ile tavuk ot çorbası

Bölünmüş bezelye çorbasının bu basit çeşidi, daha geleneksel jambon yerine tavuk kullanır.

Karaciğer 8

2,25 litre/4 litre tavuk suyu

450 gr/1 lb. kuru bezelye

350g derisiz tavuk göğsü filetosu, doğranmış (2cm)

2 taze soğan, dilimlenmiş

½ havuç, dilimlenmiş

½ kereviz çubuğu, dilimlenmiş

1 çay kaşığı kuru mercanköşk

tatmak için tuz ve taze çekilmiş karabiber

Tuz ve karabiber hariç tüm malzemeleri yavaş ocakta karıştırın. Kapağını kapatıp tam güçte 4-6 saat pişirin. Tuz ve karabiberle tatlandırın.

Tatlı mısır ve tavuk çorbası

Bu çorba, hafta içi günlerde hızlıca hazırlayabileceğiniz kolay bir yemektir ve tadı da harikadır!

Karaciğer 6

375 ml/13 fl oz yağsız tavuk suyu

425 g/15 oz kremalı tatlı mısır konservesi

225 gr derisiz tavuk göğsü filetosu (küp şeklinde kesilmiş)

350 gr patates, soyulmuş ve doğranmış

2 küçük soğan, doğranmış

375 ml/13 fl oz yarım yağlı süt

2 yemek kaşığı mısır nişastası

tatmak için tuz ve taze çekilmiş karabiber

Süt, mısır nişastası, tuz ve karabiber hariç tüm malzemeleri yavaş pişiricide karıştırın. Kapağı kapatın ve son 30 dakika boyunca 250 ml/8 fl oz sütle karıştırarak 4-6 saat boyunca tam güçte pişirin. Geri kalan sütü ve mısır nişastasını ekleyip 2-3 dakika karıştırın. Tuz ve karabiberle tatlandırın.

köfteler

Çorba ya da makarnanın yanında harika bir lezzet, domuz etiyle de yapabilirsiniz.

18 köfte için

700 gr/1½ pound yağsız sığır eti

1 küçük soğan, ince doğranmış

1 yumurta

40 g/1½ oz kuru galeta unu

2 diş sarımsak, ezilmiş

1-2 çay kaşığı dana bulyon granülü veya bir küp dana bulyon

½ çay kaşığı tuz

çay kaşığı biber

Tüm malzemeleri bir kapta karıştırın. Karışımdan 18 adet köfte yapın.

Köfte ve Sebze Çorbasını Durdurun

Kıymalı turtaların yapımı hızlıdır ve doyurucu bir yemektir. Köfteler hafif yağlanmış tavada kızartılırsa veya 180°C/gazlı 4/fanlı fırında 160° fırında altın rengi oluncaya kadar pişirilirse daha az kırılgan ve daha çekici olur. Köfteleri dağılmamaları için yavaş tencereye dikkatlice ekleyin.

Karaciğer 6

250 ml/8 fl oz sığır eti suyu

2 kutu 400 g doğranmış domates

3 havuç, kalın dilimlenmiş

1 çay kaşığı kurutulmuş fesleğen

Sert köfte (yukarıya bakın)

2 küçük kabak, dilimlenmiş

50 gr dondurulmuş bezelye, çözülmüş

2 yemek kaşığı mısır nişastası

50ml soğuk su

tatmak için tuz ve taze çekilmiş karabiber

350g erişte veya fettuccine, pişmiş, sıcak

Sos, domates, havuç, fesleğen ve köfteleri yavaş pişiricide köftelerin suya batırıldığından emin olarak karıştırın.

Kapağını kapatıp kısık ateşte 6-8 saat pişirin, son 20 dakikada kabak ve bezelyeyi ekleyin. Ateşi açın ve 10 dakika pişirin.

Birleşik mısır unu ve suyu ekleyip 2 ila 3 dakika karıştırın. Tuz ve karabiberle tatlandırın. Eriştelerin üzerinde servis yapın.

İtalyan köfte güveç

Lezzetli bir Akdeniz usulü seçenek.

Karaciğer 6

250 ml/8 fl oz sığır eti suyu

2 kutu 400 g doğranmış domates

3 havuç, kalın dilimlenmiş

100gr/4oz küçük mantarlar, yarıya bölünmüş

1 çay kaşığı kurutulmuş İtalyan otu baharatı

Hindi Köfte (aşağıya bakınız)

2 küçük kabak, dilimlenmiş

50 gr dondurulmuş bezelye, çözülmüş

2 yemek kaşığı mısır nişastası

50ml soğuk su

tatmak için tuz ve taze çekilmiş karabiber

350g erişte veya fettuccine, pişmiş, sıcak

Sosu, domatesleri, havuçları, mantarları, otlu sosu ve köfteleri yavaş pişiricide köftelerin suya batırıldığından emin olarak karıştırın. Kapağını kapatıp kısık ateşte 6-8 saat pişirin, son 20 dakikada kabak ve bezelyeyi ekleyin. Ateşi açın ve 10 dakika pişirin. Birleşik mısır unu ve suyu ekleyip 2 ila 3 dakika karıştırın. Tuz ve karabiberle tatlandırın. Eriştelerin üzerinde servis yapın.

Türkiye Köftesi

Öğütülmüş hindi lezzetli ve ucuzdur.

18 köfte için

350g/12oz öğütülmüş hindi
1 küçük yumurta
1 yemek kaşığı aromalı kuru ekmek kırıntısı
1 diş sarımsak, ezilmiş
2 çay kaşığı kurutulmuş İtalyan otu baharatı
tatmak için tuz ve taze çekilmiş karabiber

Tüm malzemeleri bir kapta karıştırın. Karışımdan 18 adet köfte yapın.

Tavuk Köfte Çorbası

*Tavuk Köfteleri çorbayı yapmadan birkaç saat önce önceden
hazırlayıp üzerini kapatıp buzdolabında saklayabilirsiniz.*

Karaciğer 8

2,25 litre/4 litre tavuk suyu
2 soğan, doğranmış
1 büyük havuç, kalın dilimlenmiş
1 kabak, kalın dilimlenmiş
Tavuk Köfte (aşağıya bakın)
tatmak için tuz ve taze çekilmiş karabiber

Tuz ve karabiber dışındaki tüm malzemeleri yavaş pişiricide,
köftelerin suya batırıldığından emin olarak karıştırın.
Kapağını kapatıp kısık ateşte 6-8 saat pişirin. Tuz ve
karabiberle tatlandırın.

Tavuk köfteler

Çorbaya veya atıştırmalık olarak ekleyebileceğiniz hafif ve

lezzetli köfteler.

24 köfte için

450 gr tavuk göğsü, kıyılmış

40 gr taze kepekli ekmek kırıntısı

15 gr taze rendelenmiş parmesan peyniri

1 küçük yumurta

1 diş sarımsak, ezilmiş

1 çay kaşığı kurutulmuş İtalyan otu baharatı

Tüm malzemeleri bir kapta karıştırın. Karışımdan 24 adet köfte yapın.

Bahçe Köfte Çorbası

Lezzetli ve doyurucu bir çorba.

Karaciğer 8

2,25 litre/4 litre sığır eti suyu

2 soğan, doğranmış

1 büyük havuç, kalın dilimlenmiş

1 kabak, kalın dilimlenmiş

100 g/4 ons kıyılmış lahana

400g/14oz konserve barbunya fasulyesi, suyu süzülmüş ve durulanmış

400 g/14 ons kutu domates

Kıyma köftesi (aşağıya bakın)

tatmak için tuz ve taze çekilmiş karabiber

Tuz ve karabiber dışındaki tüm malzemeleri yavaş pişiricide, köftelerin suya batırıldığından emin olarak karıştırın. Kapağını kapatıp kısık ateşte 6-8 saat pişirin. Tuz ve karabiberle tatlandırın.

Kıyılmış köfte

Çorbanıza İtalyan lezzeti katacak mini dana köfteleri.

24 köfte için

450 gr/1 lb sığır eti

40 gr taze kepekli ekmek kırıntısı

15 gr taze rendelenmiş parmesan peyniri

1 küçük yumurta

1 diş sarımsak, ezilmiş

1 çay kaşığı kurutulmuş İtalyan otu baharatı

tatmak için tuz ve taze çekilmiş karabiber

Tüm malzemeleri bir kapta karıştırın. Karışımdan 24 adet köfte yapın.

Ev yapımı hindi ve sebze çorbası

Kalabalığı ucuza doyurmak için hindi kanadı, cannellini fasulyesi ve iyi baharatlanmış sebzelerden oluşan mükemmel çorbayı burada bulabilirsiniz.

Karaciğer 12

1,6 litre/2¾ pint tavuk suyu

750ml/1¼ pint su

1,75kg/4lbs Hindi Kanatları

4 soğan, kabaca doğranmış

¼ çay kaşığı kurutulmuş mercanköşk

¼ çay kaşığı kurutulmuş kekik

400 g/14 oz doğranmış domates konservesi

400g kutu cannellini fasulyesi, suyu süzülmüş ve durulanmış

150 gr/5 oz. roka veya şalgam, doğranmış

1 büyük kereviz çubuğu, doğranmış

100 g/4 ons lahana, doğranmış

1 büyük havuç, doğranmış

250 gr tatlı mısır

50 g/2 ons inci arpa

25 g/1 ons ham ditalini

Sosu, suyu, hindiyi, soğanları ve otları 5,5 litrelik yavaş pişiricide karıştırın. Kapağını kapatıp tam güçte 4-5 saat pişirin. Hindi kanatlarını çıkarın. Eti çıkarıp doğrayın ve bir kenara koyun. Kemikleri atın. Çorbadan yağı alın. Yavaş pişiriciye makarna, tuz ve karabiber dışında kalan malzemeleri ekleyin. Son 20 dakika içinde ayrılmış hindi ve makarnayı ekleyerek, kapağını kapatıp tam güçte 3 ila 4 saat pişirin. Tuz ve karabiberle tatlandırın.

Türkiye şehriye çorbası

Artık Noel hindisini sebze ve erişte ile doyurucu bir çorba yapmak için kullanın.

Karaciğer 6

2,4 litre/4¼ pint hindi suyu veya tavuk suyu

1 büyük havuç, doğranmış

1 büyük kereviz çubuğu, doğranmış

2 soğan, doğranmış

75 g mantar, dilimlenmiş

3 büyük diş sarımsak, ezilmiş

¾ çay kaşığı kuru mercanköşk

¾ çay kaşığı kurutulmuş kekik

100 g yumurtalı erişte, pişmiş

550 g/1¼ lb pişmiş hindi, doğranmış

100g/4oz dondurulmuş bezelye, çözülmüş

tatmak için tuz ve taze çekilmiş karabiber

Erişte, hindi, bezelye, tuz ve karabiber dışındaki tüm malzemeleri 5,5 litrelik/9½ pintlik yavaş pişiricide birleştirin. Kapağını kapatıp kısık ateşte 6 ila 8 saat pişirin, son 15 dakikada spagetti, hindi ve bezelyeyi ekleyin. Tuz ve karabiberle tatlandırın.

Vahşi Hindi ve Pirinç Çorbası

Bitkileri ve sebzeleri mevcut olana bağlı olarak değiştirebilirsiniz.

Karaciğer 6

2,4 litre/4¼ pint hindi suyu veya tavuk suyu

1 büyük havuç, doğranmış

1 büyük kereviz çubuğu, doğranmış

150 g şalgam veya yaban havucu, doğranmış

2 soğan, doğranmış

75 g mantar, dilimlenmiş

3 büyük diş sarımsak, ezilmiş

¾ çay kaşığı kuru mercanköşk

¾ çay kaşığı kurutulmuş kekik

550 g/1¼ lb pişmiş hindi, doğranmış

225 g/8 ons pişmiş yabani pirinç

tatmak için tuz ve taze çekilmiş karabiber

Hindi, pirinç, tuz ve karabiber dışındaki tüm malzemeleri yavaş pişiricide karıştırın. Kapağını kapatıp kısık ateşte 6 ila

8 saat pişirin, son 20 dakikada hindiyi ve pirinci ekleyin. Tuz ve karabiberle tatlandırın.

Tarhunlu Hindi Çorbası

Bu tıknaz, hardal kaplı çorba, tek tabakta harika bir yemektir.

Karaciğer 4

1 litre/1¾ pint tavuk suyu

450 gr derisiz hindi göğsü filetosu, doğranmış (2 cm)

2 büyük patates, soyulmuş ve doğranmış

2 soğan, kabaca doğranmış

1 kereviz çubuğu, ince dilimlenmiş

1 küçük havuç, ince dilimlenmiş

1 yemek kaşığı kurutulmuş tarhun

1-1½ yemek kaşığı Dijon hardalı

tatmak için tuz ve taze çekilmiş karabiber

Tuz ve karabiber hariç tüm malzemeleri yavaş ocakta karıştırın. Kapağını kapatıp 8-12 saat kısık ateşte pişirin. Tuz ve karabiberle tatlandırın.

Kırmızı Şaraplı Sığır Çorbası

Bu çorbanın güçlü tadı klasik Burgonya bifteğini anımsatıyor.

Karaciğer 6

1 litre/1¾ pint sığır eti suyu

450 g/1 lb yağsız haşlanmış dana eti, doğranmış

175 g pastırma, doğranmış

225 g/8 oz hazırlanmış domates sosu

120 ml / 4 fl oz sek kırmızı şarap

700 gr haşlanmış patates, soyulmuş ve doğranmış

2 soğan, doğranmış

75 g mantar, dilimlenmiş

1 havuç, dilimlenmiş

1 kereviz çubuğu, dilimlenmiş

1 diş sarımsak, ezilmiş

1½ çay kaşığı kurutulmuş kekik

2 adet defne yaprağı

tuz ve taze çekilmiş karabiber

Tuz ve karabiber dışındaki tüm malzemeleri 5,5 litrelik/9½ pintlik yavaş pişiricide birleştirin. Kapağını kapatıp kısık ateşte 6-8 saat pişirin. Defne yapraklarını atın. Tuz ve karabiberle tatlandırın.

Füme fasulye ve ıspanak çorbası

Füme pastırma bu çorbaya hafif bir tat verir. Dilerseniz kendi ev yapımı domates sosunuzu kullanabilirsiniz.

Karaciğer 6

1,5 litre/2½ pint tavuk suyu

400 g/14 oz hazır domates sosu

400g konserve cannellini fasulyesi, durulanmış ve suyu süzülmüş

175 gr füme pastırma, ince dilimlenmiş

1 diş sarımsak, ezilmiş

1 yemek kaşığı kurutulmuş İtalyan otu baharatı

275 g dondurulmuş doğranmış ıspanak, çözülmüş ve suyu süzülmüş

50 g/2 ons ham arpa

tuz ve taze çekilmiş karabiber

Ispanak, arpa, tuz ve karabiber dışındaki tüm malzemeleri yavaş ocakta karıştırın. Kapağını kapatıp kısık ateşte 6-8 saat pişirin, son 20 dakikada ıspanak ve arpayı ekleyin. Tuz ve karabiberle tatlandırın.

Dana fasulye çorbası

Dana incik bu fasulye çorbasına lezzet katıyor. İsterseniz, dana incik yerine 450 g küp yağsız dana eti kullanarak güveç yapabilirsiniz.

Karaciğer 8

2,25 litre/4 pint su

450 gr dana incik

2 x 400 g/14 oz barbunya fasulyesi kutusu, suyu süzülmüş ve durulanmış

400 g/14 ons kutu domates

2 havuç, dilimlenmiş

2 soğan, dilimlenmiş

150g/5oz doğranmış şalgam

150 g Fransız fasulyesi (kısa parçalar halinde kesilmiş)

1 kereviz çubuğu, kıyılmış

1 çay kaşığı kurutulmuş kekik

1 çay kaşığı kurutulmuş kekik

1 defne yaprağı

tatmak için tuz ve taze çekilmiş karabiber

Tuz ve karabiber dışındaki tüm malzemeleri 5,5 litrelik/9½ pintlik yavaş pişiricide birleştirin. Kapağını kapatıp kısık ateşte 6-8 saat pişirin. Sığır eti çıkarın. Eti parçalara ayırın ve çorbaya geri dönün. Defne yaprağını atın. Tuz ve karabiberle tatlandırın.

Jambonlu Fasulye Çorbası

Tarif 8 ila 10 saat piştiği sürece fasulyeler yavaş pişiricide ıslatılmadan pişirilebilir. Daha kısa pişirme süreleri için fasulyeleri bir gece önceden ıslatın.

Karaciğer 6

1,5 litre/2½ pint tavuk suyu

225 g/8 oz kurutulmuş beyaz veya cannellini fasulyesi, durulanmış

250 g yağsız füme jambon, doğranmış

1 soğan, doğranmış

2 küçük havuç, doğranmış

1 kereviz çubuğu, kıyılmış

1 diş sarımsak, ezilmiş

¼ çay kaşığı kurutulmuş kekik

1 defne yaprağı

tatmak için tuz ve taze çekilmiş karabiber

Tuz ve karabiber hariç tüm malzemeleri yavaş ocakta karıştırın. Fasulyeler yumuşayana kadar kapağını kapatın ve kısık ateşte 8 ila 10 saat pişirin. Defne yaprağını atın. Tuz ve karabiberle tatlandırın.

İş günü fasulye çorbası

Bu uygun fiyatlı çorba çok az kesme gerektirir, bu nedenle yoğun bir çalışma programına uyum sağlamak kullanışlıdır. Kurutulmuş otlar ve baharatlar ona çok fazla lezzet verir.

Karaciğer 6

1,5 litre/2½ pint sığır suyu

175g/6oz kuru barbunya fasulyesi

175 g kurutulmuş cannellini fasulyesi, durulanmış

½ kırmızı veya yeşil dolmalık biber, ince doğranmış

1 soğan, dilimlenmiş

1 sap kereviz, dilimlenmiş

1 defne yaprağı

2 yemek kaşığı şeker

1-2 çay kaşığı pul biber

¼ çay kaşığı kurutulmuş kekik

¼ çay kaşığı kuru hardal tozu

¼ çay kaşığı öğütülmüş yenibahar

¼ çay kaşığı taze çekilmiş karabiber
225 g/8 ons domates püresi
1 yemek kaşığı sirke
tatmak için tuz ve taze çekilmiş karabiber

Yavaş pişiricide domates püresi, sirke, tuz ve karabiber dışındaki tüm malzemeleri karıştırın. Kapağını kapatın ve fasulyeler yumuşayana kadar kısık ateşte 8 ila 10 saat pişirin, son 30 dakikada domates püresini ve sirkeyi ekleyin. Defne yaprağını atın. Tuz ve karabiberle tatlandırın.

Sığır Eti Ve Arpa Çorbası

Bu doyurucu kaburga çorbası, lezzetlerin olgunlaşıp daha da kaynaşabileceği bir gün önceden yapılırsa daha da lezzetli olur.

Karaciğer 8

500 ml/17 fl oz su

400 ml et suyu

400 g/14 oz doğranmış domates konservesi

450 g/1 lb yağsız haşlanmış dana eti, doğranmış

150 g Fransız fasulyesi (kısa parçalar halinde kesilmiş)

175 gr yaban havucu veya patates, soyulmuş ve doğranmış

2 soğan, doğranmış

1 büyük kereviz çubuğu, doğranmış

1 büyük havuç, doğranmış

1 diş sarımsak, ezilmiş

½ çay kaşığı kuru mercanköşk

½ çay kaşığı kurutulmuş kekik

Bezelye, tuz ve karabiber dışındaki tüm malzemeleri 5,5 litrelik yavaş ocakta birleştirin. Kapağını kapatıp kısık ateşte 6-8 saat pişirin, son 20 dakikada bezelyeleri ekleyin. Defne yaprağını atın. Tuz ve karabiberle tatlandırın.

Sığır eti, sebze ve arpa çorbası

Yoğun ve doyurucu olan bu çorba, özellikle soğuk kış günlerinde aile arasında popüler olacaktır.

Karaciğer 6

350 gr/12 ons sığır eti

yağlama için yağ

1,5 litre/2½ pint kokulu et suyu

400 g/14 ons kutu domates

175 gr lahana, iri doğranmış

175 g patates, soyulmuş ve doğranmış

2 soğan, doğranmış

1 kereviz çubuğu, dilimlenmiş

1 havuç, dilimlenmiş

2 büyük diş sarımsak, ezilmiş

1 çay kaşığı kurutulmuş kekik

1 çay kaşığı kurutulmuş fesleğen

1 çay kaşığı biber tozu

1 çay kaşığı kırmızı biber

½ çay kaşığı kuru hardal tozu

2 adet defne yaprağı

50 g/2 ons inci arpa

tatmak için tuz ve taze çekilmiş karabiber

Sığır eti hafifçe yağlanmış bir tavada orta ateşte, kızarana kadar yaklaşık 5 dakika pişirin ve bir çatalla parçalayın. Sığır eti ve tuz ve karabiber hariç geri kalan malzemeleri 5,5 litre/9½ pint yavaş pişiricide birleştirin. Kapağını kapatıp kısık ateşte 6-8 saat pişirin. Defne yapraklarını atın. Tuz ve karabiberle tatlandırın.

Yeşil Biberli Çorba

Bu baharatlı çorbanın tadı pişmiş yeşil biber dolmasına benziyor.

Karaciğer 6

450 g yağsız kıyma, kızartılmış ve ufalanmış

1 litre/1¾ pint domates suyu

2 kutu 400 g doğranmış domates

2 orta boy soğan, doğranmış

2 yeşil biber, doğranmış

150 g/5 ons pişirmesi kolay uzun taneli pirinç

tatmak için tuz ve taze çekilmiş karabiber

Yavaş pişiricide pirinç ve tuz ve karabiber dışındaki tüm malzemeleri karıştırın. Kapağını kapatıp kısık ateşte 6-8 saat pişirin, son 2 saatte pirinci karıştırın. Tuz ve karabiberle tatlandırın.

Burger gulaş çorbası

Bu, kırmızı biber, domates, otlar ve Worcestershire sosuyla zengin bir şekilde tatlandırılmış mükemmel bir ana yemek çorbasıdır.

Karaciğer 6

350–450 g/12–16 ons yağsız kıyma

yağlama için yağ

750ml/1¼ pint sığır eti suyu

225 g/8 ons konserve domates

500 gr patates, soyulmuş ve doğranmış

1 soğan, doğranmış

½ büyük kırmızı veya yeşil biber, doğranmış

3 yemek kaşığı kırmızı biber

¾ çay kaşığı biber tozu

¾ çay kaşığı sarımsak tozu

½ çay kaşığı kimyon tohumu

½ çay kaşığı kurutulmuş kekik

1 yemek kaşığı Worcestershire sosu

50ml domates ketçapı

tatmak için tuz ve taze çekilmiş karabiber

Sığır eti, hafifçe yağlanmış büyük bir tavada, orta ateşte, kahverengileşene kadar yaklaşık 5 dakika pişirin ve bir çatalla parçalayın. Yavaş pişiriciye sığır eti ve tuz ve karabiber dışındaki diğer malzemeleri ekleyin. Kapağını kapatıp kısık ateşte 6-8 saat pişirin. Tuz ve karabiberle tatlandırın.

Burger ve Sebze Çorbası

Burger malzemelerini domates soslu sebze ve arpa çorbasına ekleyin, ardından ailenizin hoşuna gidecek tatlı ve ekşi tatlar ekleyin.

Karaciğer 4-6

350 g/12 ons yağsız sığır eti

1 büyük soğan, ince doğranmış

2 büyük diş sarımsak, ezilmiş

yağlama için yağ

1,2 litre/2 pint sığır eti suyu

400 g/14 oz hazır domates sosu

175 gr patates, soyulmuş ve doğranmış

1 büyük havuç, ince dilimlenmiş

175 gr tatlı mısır

150 g/5 oz tereyağlı konserve yeşil fasulye

1½ kereviz çubuğu, dilimlenmiş

2 yemek kaşığı inci arpa

2 yemek kaşığı açık kahverengi şeker

2 yemek kaşığı elma sirkesi

¾ çay kaşığı kuru hardal tozu

¾ çay kaşığı kurutulmuş kekik

1 büyük defne yaprağı

tatmak için tuz ve taze çekilmiş karabiber

Eti, soğanı ve sarımsağı, hafif yağlanmış büyük bir tavada, orta ateşte, et kahverengi olana kadar yaklaşık 5 dakika, eti bir çatalla parçalayarak kızartın. Sığır eti karışımını ve tuz ve karabiber hariç kalan malzemeleri 5,5 litre/9½ pint yavaş pişiricide birleştirin. Kapağını kapatıp kısık ateşte 6-8 saat pişirin. Defne yaprağını atın. Tuz ve karabiberle tatlandırın.

Biberli Köfteli Sebze Çorbası

Hafifçe baharatlandırılmış köfteler bu basit sebze çorbasına mükemmel bir dokunuş katıyor.

Karaciğer 8

2,25 litre/4 litre tavuk suyu

2 soğan, ince dilimlenmiş

175 g biberli konserve mısır

2 küçük havuç, ince dilimlenmiş

Acılı Köfte (aşağıya bakın)

275 g dondurulmuş doğranmış ıspanak, çözülmüş ve suyu

süzülmüş

2-4 yemek kaşığı kuru şeri (isteğe bağlı)

tatmak için tuz ve taze çekilmiş karabiber

Ispanak, şeri, tuz ve karabiber dışındaki tüm malzemeleri 5,5 litrelik yavaş ocakta birleştirin. Kapağını kapatıp 6 ila 8 saat pişirin, son 20 dakika boyunca ıspanak ve şeri ekleyin. Tuz ve karabiberle tatlandırın.

Acı Biber Köfte

Bunları istediğiniz kadar sıcak yapın.

32 köfte için

700 gr/1½ pound yağsız sığır eti

1 küçük soğan, ince doğranmış

20 g/¾ oz kuru ekmek kırıntısı

1 diş sarımsak, ezilmiş

½-1 yemek kaşığı pul biber

2 çay kaşığı öğütülmüş kimyon

1 yumurta

½ çay kaşığı tuz

Tüm malzemeleri bir kapta karıştırın. Karışımla 32 adet köfte oluşturun.

Lahana ruloları ile sebze çorbası

Farklı bir tat vermek için lahana yapraklarını kıymayla doldurup karışık sebze çorbasında pişirin.

Karaciğer 4

Lahana Ruloları (aşağıya bakınız)

1,2 litre/2 litre tavuk suyu

4 kereviz çubuğu, dilimlenmiş

1 büyük patates, soyulmuş ve doğranmış

1 soğan, doğranmış

1 havuç, doğranmış

1 domates, doğranmış

175 gr tatlı mısır

tatmak için tuz ve taze çekilmiş karabiber

50 gr Emmental veya Gruyère peyniri, rendelenmiş

Lahana rulolarını ek yerleri aşağıya gelecek şekilde 5,5 litrelik yavaş pişiriciye yerleştirin. Tuz, karabiber ve peynir hariç diğer malzemeleri ekleyin. Kapağını kapatıp 8-10 saat kısık ateşte pişirin. Tuz ve karabiberle tatlandırın. Lahana rulolarını sığ çorba kaselerine yerleştirin. Çorbanın üzerine dökün ve üzerine peynir serpin.

Lahana ruloları

Alternatif olarak dana eti yerine kıyma kuzu kullanmayı deneyin.

Karaciğer 4

12 lahana yaprağı

350 g/12 ons kıyma dana eti

25 g/1 ons taze ekmek kırıntısı

2 yumurta

¾-1 çay kaşığı kurutulmuş mercanköşk

¾-1 çay kaşığı kurutulmuş kekik

½ çay kaşığı tuz

Lahana yapraklarını kaynar suda yaklaşık 1 dakika kadar yumuşayana kadar bekletin. İyice boşaltın. Yapraklardan kalın damarları kesin, böylece düz dururlar. Diğer malzemeleri karıştırıp sekiz eşit parçaya bölün. Lahana yapraklarını üstüne yerleştirin ve paketler oluşturacak şekilde yanlarını ve uçlarını katlayın.

Sığır çorbası ve lahana turşusu

Bu çorba, tuz veya konserve sığır eti ile yapılan geleneksel New England "haşlanmış akşam yemeğinin" lezzetini taklit eder.

Karaciğer 6

2 litre/3½ pint/8½ bardak tavuk suyu

225 g/8 oz konserve sığır eti veya dana göğüs eti, kesilmiş, doğranmış (1 cm/½ inç)

700 gr haşlanmış patates, soyulmuş ve doğranmış

225 gr lahana, ince dilimlenmiş

12 bebek havuç, yarıya bölünmüş

1 büyük soğan, doğranmış

2 büyük diş sarımsak, ezilmiş

2 adet defne yaprağı

1 yemek kaşığı sirke

2 çay kaşığı Dijon hardalı

2 çay kaşığı kimyon tohumu

tatmak için tuz ve taze çekilmiş karabiber

Tuz ve karabiber dışındaki tüm malzemeleri 5,5 litrelik/9½ pintlik yavaş pişiricide birleştirin. Kapağını kapatıp kısık ateşte 6-8 saat pişirin. Defne yapraklarını atın. Tuz ve karabiberle tatlandırın.

Öküz kuyruğu sebze çorbası

Yavaş pişirme, öküz kuyruğunun zengin lezzetini artırarak bu sebze çorbasını özellikle iyi hale getirir. İsterseniz önce öküz kuyrukları kızartılabilir.

Karaciğer 6

1,5 litre/2½ pint sığır suyu

450 gr öküz kuyruğu, dilimler halinde kesilmiş (5 cm)

2 büyük domates, doğranmış

1 büyük kereviz çubuğu, dilimlenmiş

2 küçük soğan, dilimlenmiş

2 küçük havuç, dilimlenmiş

100 gr yaban havucu, doğranmış

1 patates, soyulmuş ve doğranmış

1 çay kaşığı kurutulmuş kekik

1 defne yaprağı

65 gr inci arpa

tatmak için tuz ve taze çekilmiş karabiber

Tuz ve karabiber dışındaki tüm malzemeleri 5,5 litrelik/9½ pintlik yavaş pişiricide birleştirin. Kapağını kapatıp tam güçte 6-8 saat pişirin. Öküz kuyruklarını çorbadan çıkarın. Eti kemiklerden çıkarın ve çorbaya geri dönün. Kemikleri ve defne yaprağını çıkarın. Tuz ve karabiberle tatlandırın.

Kuzu ve beyaz fasulye çorbası

Fasulye çorbasını seviyorsanız kuzu incikle pişirilen bu lezzetli versiyonu deneyin.

Karaciğer 6

2,25 litre/4 litre sığır eti suyu

250 g/9 oz kurutulmuş cannellini veya cannellini fasulyesi, durulanmış

2 kuzu incik (yaklaşık 750 g/1¾ lb)

175 g lahana, ince dilimlenmiş

2 büyük havuç, dilimlenmiş

2 kereviz çubuğu, dilimlenmiş

2 diş sarımsak, ezilmiş

1 büyük soğan, ince doğranmış

3 defne yaprağı

1½ çay kaşığı kurutulmuş kekik

1½ çay kaşığı kurutulmuş mercanköşk

½ çay kaşığı öğütülmüş kereviz tohumu

½ çay kaşığı kuru hardal tozu

tatmak için tuz ve taze çekilmiş karabiber

Tuz ve karabiber dışındaki tüm malzemeleri 5,5 litrelik/9½ pintlik yavaş pişiricide birleştirin. Fasulyeler yumuşayana kadar 7 ila 8 saat kadar kısık ateşte pişirin ve pişirin. Kuzu inciklerini çıkarın. Eti ısırık büyüklüğünde parçalar halinde kesin ve çorbaya geri koyun. Kemikleri ve defne yapraklarını çıkarın. Tuz ve karabiberle tatlandırın.

Arpalı Kuzu Çorbası

Geleneksel haşlanmış sebzeler ve arpa ile yağsız kuzu, gerçekten harika tatlar için otlar ve şarapla pişirilir. Çorba yağsız domuz eti veya sığır eti ile de yapılabilir.

Karaciğer 8

1,5 litre/2½ pint tavuk suyu

700g/1½lb yağsız kuzu yahnisi, doğranmış

1 litre/1¾ pint su

3 soğan, dilimlenmiş

2 havuç, dilimlenmiş

200 g/7 oz şalgam, dilimlenmiş

1 büyük kereviz çubuğu, dilimlenmiş

3 büyük diş sarımsak, ezilmiş

1 çay kaşığı kurutulmuş kekik

1 çay kaşığı kurutulmuş biberiye

1 defne yaprağı

120 ml / 4 fl oz sek beyaz şarap (isteğe bağlı)

90 gr inci arpa

tatmak için tuz ve taze çekilmiş karabiber

Tuz ve karabiber dışındaki tüm malzemeleri 5,5 litrelik/9½ pintlik yavaş pişiricide birleştirin. Kapağını kapatıp kısık ateşte 6-8 saat pişirin. Defne yaprağını atın. Tuz ve karabiberle tatlandırın.

Kuzu çorbası, bezelye, fasulye ve arpa

Bu rustik çorbadaki kuzu etinin zengin lezzetine bezelye çok yakışıyor.

Karaciğer 8

2 litre/3½ pint su

2-4 adet et bulyon küpü

900 gr kuzu incik

400 g/14 oz kurutulmuş bezelye

130 g kurutulmuş beyaz veya cannellini fasulyesi, durulanmış

50 g/2 ons inci arpa

2 soğan, doğranmış

1 küçük havuç, dilimlenmiş

½ kereviz çubuğu, dilimlenmiş

1 diş sarımsak, ezilmiş

1 çay kaşığı kurutulmuş kekik

1 çay kaşığı kurutulmuş fesleğen

½ çay kaşığı kereviz tohumu, ezilmiş

3 defne yaprağı

tatmak için tuz ve taze çekilmiş karabiber

Tuz ve karabiber dışındaki tüm malzemeleri 5,5 litrelik/9½ pintlik yavaş pişiricide birleştirin. Fasulyeler yumuşayana kadar kapağını kapatın ve kısık ateşte 8 ila 10 saat pişirin. Kuzu inciklerini çıkarın. Eti çıkarın, ısırık büyüklüğünde parçalar halinde kesin ve çorbaya geri koyun. Kemikleri ve defne yapraklarını çıkarın. Tuz ve karabiberle tatlandırın.

Sosisli dört fasulye çorbası

Bu doyurucu çorba, Meksika esintisi ve çok baharatlı olmayan baharatlı bir tada sahiptir. Pul biber miktarını damak tadınıza göre ayarlayın.

Karaciğer 8

225 gr tütsülenmiş sosis, dilimlenmiş

400 g/14 ons kutu domates

400 ml/14 fl oz yağı azaltılmış tavuk suyu

400g/14oz konserve nohut, suyu süzülmüş ve durulanmış

400g/14oz konserve barbunya fasulyesi, suyu süzülmüş ve durulanmış

400 g/14 ons kutu siyah fasulye, suyu süzülmüş ve durulanmış

Bir kavanozdan 225 g/8 ons yumuşak sos

175 ml/6 fl oz sebze suyu

225 g/8 oz yeşil fasulye, yarıya bölünmüş

2 soğan, doğranmış

½ yeşil biber, doğranmış

1 kereviz çubuğu, kıyılmış

1 diş sarımsak, ezilmiş

1 küçük jalapeño veya diğer orta-acı biber, doğranmış

1-3 çay kaşığı pul biber
1 çay kaşığı kurutulmuş kekik
tatmak için tuz ve tabasco

Tuz ve Tabasco sosu hariç tüm malzemeleri 5,5 litrelik yavaş ocakta birleştirin. Kapağını kapatıp 8-12 saat kısık ateşte pişirin. Tuz ve Tabasco sosuyla tatlandırın.

Sebzeli pirinç ve Aduki fasulyesi çorbasıF

Bu kolay çorbada (Hint tarzı pirinç ve fasulye güveci), biraz tatlı aduki fasulyesi, her zamanki dhal veya nabız yerine geçer.

Karaciğer 6

900ml/1½ pint sebze suyu

400 g konserve aduki fasulyesi, suyu süzülmüş ve durulanmış

2 büyük havuç, dilimlenmiş

350 g/12 ons konserve fasulye ezmesi

400 gr soyulmuş domates, parçalar halinde

1 küçük jalapeño veya başka bir acı biber, ince doğranmış

1 çay kaşığı öğütülmüş kimyon

1 çay kaşığı zerdeçal tozu

1 cm/½ parça taze zencefil kökü, ince rendelenmiş

100 g/4 ons pişirmesi kolay uzun taneli pirinç

tatmak için tuz ve taze çekilmiş karabiber

40 gr kavrulmuş ayçiçeği çekirdeği

Pirinç, tuz, karabiber ve ayçiçeği çekirdeği dışındaki tüm malzemeleri 5,5 litrelik yavaş pişiricide karıştırın. Kapağını kapatıp tam güçte 4-6 saat pişirin, son 2 saatte pirinci ekleyin. Tuz ve karabiberle tatlandırın. Her çorba kasesine ayçiçeği çekirdeği serpin.

Közlenmiş Biber, Tatlı Mısır ve Siyah Fasulye ÇorbasıF

Bir kutu közlenmiş kırmızı biber ve bir kutu siyah fasulye, bu zengin ve renkli çorba için harika zaman tasarrufu sağlar.

Karaciğer 4

1 litre/1¾ pint sebze suyu

400 g/14 ons kutu siyah fasulye, suyu süzülmüş ve durulanmış

Kavanozdan 350g/12oz kavrulmuş kırmızı biber, suyu süzülmüş ve doğranmış

175 gr tatlı mısır

4 soğan, doğranmış

¾ çay kaşığı kurutulmuş kekik

bir tutam ezilmiş kırmızı biber gevreği

bir tutam öğütülmüş yenibahar

75 g yağsız jambon, doğranmış

150 g/5 ons pişirmesi kolay uzun taneli pirinç

tatmak için tuz ve taze çekilmiş karabiber

Pirinç, tuz ve karabiber dışındaki tüm malzemeleri yavaş pişiricide karıştırın, kapağını kapatın ve tam güçte 4 ila 6 saat pişirin, son 2 saatte pirinci ekleyin. Tuz ve karabiberle tatlandırın.

Fasulye kurabiyeleri

Amerika Birleşik Devletleri'nin güney eyaletlerinden lezzetli kurabiyeler.

6'yı eşlik olarak teslim edin

75 g/3 oz 00 un

2 çay kaşığı kabartma tozu

1½ çay kaşığı şeker

¼ çay kaşığı tuz

40 gr beyaz bitkisel yağ

½ x 400 g cannellini fasulyesi, suyu süzülmüş ve durulanmış

3 yemek kaşığı yağsız süt

Orta boy bir kapta un, kabartma tozu, şeker ve tuzu karıştırın. Beyaz sebze yağını kaba kırıntı benzeri bir karışım halinde kesin. Fasulyeleri ve sütü bir mutfak robotunda veya blenderde neredeyse pürüzsüz hale gelinceye kadar işleyin. Unlu karışıma ekleyip hamur toparlanıncaya kadar karıştırın. Yağlanmamış fırın tepsisine hamuru kaşıkla dökün. 190°C/gazlı 5/fanlı fırın 170°C'de altın rengi kahverengi olana kadar yaklaşık 12 dakika pişirin.

Kırmızı fasulye çorbası, pilav ve sosis

Bu kolay ama tatmin edici çorbaya üstünlük sağlayan, tütsülenmiş sosis.

Karaciğer 6

1,2 litre/2 litre tavuk suyu

2 kutu 400 g kırmızı fasulye, suyu süzülmüş ve durulanmış

400 ml/14 fl oz hazırlanmış domates sosu

175 gr tütsülenmiş sosis, dilimler halinde kesilmiş

1 küçük havuç, doğranmış

1 küçük kereviz sapı, doğranmış

½ küçük kırmızı biber, doğranmış

1 büyük soğan, ince doğranmış

1 diş sarımsak, ezilmiş

¼ çay kaşığı kurutulmuş kekik

1 defne yaprağı

65 gr pişirilmesi kolay uzun taneli pirinç

tatmak için tuz ve taze çekilmiş karabiber

Pirinç, tuz ve karabiber dışındaki tüm malzemeleri 5,5 litrelik yavaş ocakta birleştirin. Kapağını kapatıp tam güçte 4-5 saat pişirin, son 2 saatte pirinci ekleyin. Defne yaprağını atın ve tuz ve karabiberle tatlandırın.

Creole kuzu çorbası

Kuzu, otlar ve hardalla vurgulanan lezzetli bir hassasiyetle pişiyor.

Karaciğer 6

1 litre/1¾ pint sığır eti suyu

700 gr hazır veya püre haline getirilmiş domates sosu

450 g yağsız kuzu yahnisi, doğranmış (1 cm/½ inç)

2 soğan, doğranmış

1 kabak, doğranmış

½ yeşil biber, doğranmış

1 kereviz çubuğu, kıyılmış

2 büyük diş sarımsak, ezilmiş

1 defne yaprağı

1 çay kaşığı kuru mercanköşk

½ çay kaşığı kurutulmuş kekik

½ çay kaşığı kurutulmuş fesleğen

¼ çay kaşığı kuru hardal tozu

65 gr pişirilmesi kolay uzun taneli pirinç

Pirinç, tuz, karabiber ve Tabasco sosu dışındaki tüm malzemeleri 5,5 litrelik yavaş ocakta birleştirin. Kapağını kapatıp kısık ateşte 6-8 saat pişirin, son 2 saatte pirinci ekleyin. Defne yaprağını atın. Tuz ve karabiberle tatlandırın. Tabasco sosuyla servis yapın.

Fasulye Bisküvili Güney Mısır ve Fasulye Çorbası

Özel satıcılardan temin edilebilen füme chipotle biberleri bu çorbaya eşsiz bir tat verir, ancak yemek taze biberlerle de yapılabilir. Fasulye püresiyle yapılan nemli ve tuzlu krakerlerle servis yapın.

Karaciğer 6

1,5 litre/2½ pint zengin tavuk suyu veya tavuk suyu

2 kutu 400g/14oz cannellini fasulyesi, suyu süzülmüş, durulanmış ve kabaca ezilmiş

225 g tatlı mısır (dondurulmuşsa çözülmüş)

2 soğan, doğranmış

1 doğranmış kırmızı biber

1 diş sarımsak, ezilmiş

Adobo'da ¼–½ küçük chipotle biberi veya ½ acı biber, öğütülmüş

1 çay kaşığı kurutulmuş kekik

tatmak için tuz ve taze çekilmiş karabiber

120 ml/4 fl oz ekşi krema

Fasulye Bisküvileri (aşağıya bakın)

Tuz, karabiber, ekşi krema ve soya peyniri dışındaki tüm malzemeleri 5,5 litrelik yavaş pişiricide birleştirin. Kapağını kapatıp tam güçte 4-5 saat pişirin. Tuz ve karabiberle tatlandırın. Her çorba kasesini ekşi krema damlalarıyla süsleyin ve Fasulye Kurabiyeleri ile servis yapın.

Biber Cipsli Sebze Çorbası

Bu sebze çorbası, taze kişniş garnitürüyle tamamlanmaktadır.

Karaciğer 8

2,25 litre/4 pint sebze suyu

4 soğan, dilimlenmiş

2 büyük havuç, dilimlenmiş

175 g mantar, dilimlenmiş

350 g mumsu patates, soyulmamış ve doğranmış

400 g/14 ons domates, doğranmış

3 büyük diş sarımsak, ezilmiş

2 çay kaşığı kurutulmuş kekik

1 çay kaşığı öğütülmüş kimyon

¼ çay kaşığı ezilmiş kırmızı biber gevreği

tatmak için tuz ve taze çekilmiş karabiber

Biberli Patates Cipsi

15 g/½ ons doğranmış taze kişniş

Pul biber ve kişniş hariç tüm malzemeleri 5,5 litrelik/9½ pintlik yavaş pişiricide birleştirin. Kapağını kapatıp tam güçte

4-5 saat pişirin. Tuz ve karabiberle tatlandırın. Çorbanın her kasesine Chili Crips ve taze kişniş serpin.

Biberli Patates Cipsi

Soslara veya çorbalara eşlik edecek çıtır tortilla cipsleri.

8'i eşlik olarak teslim edin

3 mısır ekmeği (15 cm/6 inç)
zeytinyağı pişirme spreyi
½ çay kaşığı sarımsak tozu
½ çay kaşığı biber tozu

Tortillaların her iki tarafına da pişirme spreyi sıkın. Üstlerine sarımsak ve toz biber serpin. Tortillaları önce ikiye, sonra ince şeritler halinde kesin. Bir tepsiye dizin ve 220°C/gazlı 7/fanlı fırında 200°C'de gevrekleşene kadar yaklaşık 10 dakika pişirin.

Meksika Tavuklu Limon Çorbası

Misket limonu ve taze kişnişle hafifçe tatlandırılan bu çorba, tavuk ve sebzelerle doludur.

Karaciğer 8

2,25 litre/4 litre tavuk suyu

700 gr derisiz tavuk göğsü filetosu, küp şeklinde kesilmiş

2 büyük domates, soyulmuş, çekirdekleri çıkarılmış ve doğranmış

100 g tatlı mısır (dondurulmuşsa çözülmüş)

1 kabak, doğranmış

1 soğan, doğranmış

½ yeşil biber, doğranmış

2 yemek kaşığı doğranmış taze kişniş

2 yemek kaşığı limon suyu

tatmak için tuz ve taze çekilmiş karabiber

4 mısır ekmeği (15 cm/6 inç), her biri 10 dilime kesilmiş

sebze pişirme spreyi sebze

Et suyunu, tavuğu ve sebzeleri 5,5 litrelik / 9½ pintlik yavaş pişiricide birleştirin. Kapağını kapatıp kısık ateşte 6 ila 8 saat pişirin, son 30 dakika boyunca taze kişniş ve limon suyunu karıştırın. Tuz ve karabiberle tatlandırın.

Tortillalara hafifçe pişirme spreyi sıkın ve karıştırın. Hafifçe yağlanmış büyük bir tavada orta ateşte, kızarana ve gevrekleşene kadar yaklaşık 5 dakika pişirin. Tortilla dilimlerini sekiz çorba kasesine ekleyin ve çorbanın üzerine dökün. Üzerine limon dilimlerini dizin.

Karides ve siyah fasulye çorbası

Kekik, kekik, kimyon ve bol miktarda sarımsak bu çorbaya büyük bir etki katıyor. Bir değişiklik olarak siyah fasulye yerine kırmızı fasulye kullanmayı deneyin.

Karaciğer 6

1,2 litre/2 litre tavuk suyu

2 x 400 g/14 oz kutu siyah fasulye, suyu süzülmüş ve durulanmış

2 soğan, doğranmış

2 domates, dilimler halinde kesilmiş

4 diş sarımsak, ezilmiş

1 çay kaşığı kurutulmuş kekik

1 çay kaşığı kurutulmuş kekik

1 çay kaşığı öğütülmüş kimyon

1 defne yaprağı

225 gr çiğ karides, soyulmuş

tatmak için tuz ve taze çekilmiş karabiber

garnitür için doğranmış taze kişniş

Yavaş pişiricide karides, tuz ve karabiber dışındaki tüm malzemeleri karıştırın. Kapağını kapatıp yüksek ateşte 4-5 saat pişirin, son 15 dakikada karidesleri ekleyin. Defne yaprağını atın. Tuz ve karabiberle tatlandırın. Her çorba kasesine taze kişniş serpin.

Sopa de Casa

Kremalı mısır ve peynir bu çorbaya hoş ve pürüzsüz bir doku kazandırır.

Karaciğer 6

400 ml tavuk suyu

350 g/12 oz tatlı mısır (dondurulmuşsa çözülmüş)

100 g konserve yeşil biber, doğranmış

450 gr derisiz tavuk göğsü filetosu, doğranmış (2 cm)

2 doğranmış soğan

1 büyük domates, doğranmış

½ jalapeño veya diğer acı biber, ince doğranmış

2 büyük diş sarımsak, ezilmiş

¾ çay kaşığı kurutulmuş kekik

½ çay kaşığı öğütülmüş kimyon

250 ml/8 fl oz tam yağlı süt

100g/4oz Monterey Jack veya hafif Çedar peyniri, rendelenmiş

tatmak için tuz ve taze çekilmiş karabiber

Bir mutfak robotu veya blenderde tavuk suyunu ve 175 g tatlı mısırı pürüzsüz hale gelinceye kadar işleyin. Ezilmiş mısırı ve süt, peynir, tuz ve karabiber hariç kalan malzemeleri yavaş pişiricide karıştırın. Kapağını kapatıp kısık ateşte 6-8 saat pişirin, son 30 dakika sütü ekleyin. Peyniri karıştırın, eriyene kadar karıştırın. Tuz ve karabiberle tatlandırın.

Baharatlı Domuz Eti ve Tavuk Çorbası

Renkli bir akşam yemeği için ince dilimlenmiş sebzelerle süsleyin.

Karaciğer 4

2 ancho veya diğer biberler, tohumlar ve damarlar atılmış

250 ml / 8 fl oz kaynar su

750ml/1¼ pint tavuk suyu

225 g domuz filetosu, doğranmış

225 g derisiz tavuk göğsü filetosu, doğranmış

400 g/14 oz doğranmış domates konservesi

400g/14oz konserve barbunya fasulyesi, suyu süzülmüş ve durulanmış

Küçük bir kapta biberleri kaynar suyla kaplayın. Yumuşak olana kadar yaklaşık 10 dakika bekletin. Biberleri ve suyu bir mutfak robotunda veya blenderde pürüzsüz hale gelinceye kadar işleyin. Yavaş pişiricide biber karışımını ve tuz, karabiber ve limon dilimleri hariç kalan malzemeleri karıştırın. Kapağını kapatıp kısık ateşte 6-8 saat pişirin. Tuz ve karabiberle tatlandırın. Kireç dilimleri ile servis yapın ve süsleyin.

Meksika köftesi

Herhangi bir baharatlı çorba ile harikadırlar.

24 köfte için

450 g / 1 lb yağsız kıyma

15 g/½ ons pirinç, pişmiş

1 küçük soğan, ince doğranmış

1 diş sarımsak, ezilmiş

½ çay kaşığı kuru nane

½ çay kaşığı kurutulmuş kekik

½ çay kaşığı öğütülmüş kimyon

½ çay kaşığı tuz

çay kaşığı biber

Tüm malzemeleri bir kapta karıştırın. Karışımdan 24 adet küçük köfte yapın.

Meksika Köfte Çorbası

Meksika'da büyük bir favori olan bu çorba, geleneksel olarak nane ile tatlandırılır.

Karaciğer 4

750ml/1¼ pint tavuk suyu

450ml/¾ pint domates suyu

450ml/¾ pint su

Meksika köftesi (yukarıya bakın)

2 kabak, dilimlenmiş

1 soğan, doğranmış

1 havuç, doğranmış

2 diş sarımsak, ezilmiş

1 küçük jalapeño veya diğer orta-acı biber, tohumları ve damarları çıkarılmış, ince doğranmış

1½ çay kaşığı kuru nane

tatmak için tuz ve taze çekilmiş karabiber

Tuz ve karabiber hariç tüm malzemeleri yavaş ocakta karıştırın. Kapağını kapatıp tam güçte 4-5 saat pişirin. Tuz ve karabiberle tatlandırın.

Fransız soğan çorbası

Soğanları tereyağında sotelemek bu çorbaya zenginliğini ve tam, geleneksel lezzetini verir.

Karaciğer 4

450 gr soğan, ince dilimlenmiş

1-2 yemek kaşığı tereyağı veya margarin

½ çay kaşığı kuru hardal tozu

2 çay kaşığı un

1 litre/1¾ pint Güzel kokulu et suyu veya et suyu

120 ml / 4 fl oz sek beyaz şarap (isteğe bağlı)

tatmak için tuz ve taze çekilmiş karabiber

4 dilim kızarmış Fransız ekmeği

50 gr taze rendelenmiş parmesan peyniri

Soğanları tereyağında büyük bir tavada orta-düşük ateşte, altın rengi kahverengi olana kadar 15 ila 20 dakika kızartın. Hardalı ve unu ekleyip 1-2 dakika pişirin.

Soğan karışımını ve tuz, karabiber, ekmek ve peynir hariç kalan malzemeleri yavaş pişiricide karıştırın. Kapağını kapatıp kısık ateşte 6-8 saat pişirin. Tuz ve karabiberle tatlandırın. Ekmeği peynirle serpin. Eriyene kadar 1 ila 2 dakika ızgara yapın. Her çorba tabağını ekmek dilimleriyle süsleyin.

Meksika Tavuk ve Mısır Çorbası

Monterey Jack peyniri bu tavuk bazlı çorbaya zenginlik katıyor.

Karaciğer 8

1 litre/1¾ pint zengin tavuk suyu veya tavuk suyu

450 gr derisiz tavuk göğsü filetosu, küp şeklinde doğranmış

225 g tatlı mısır (dondurulmuşsa çözülmüş)

3 soğan, doğranmış

1 kırmızı veya yeşil biber, doğranmış

1 küçük jalapeño veya başka bir acı biber, ince doğranmış

1 diş sarımsak

1 çay kaşığı öğütülmüş kimyon

tatmak için tuz ve taze çekilmiş karabiber

100–175 g Monterey Jack veya hafif Çedar peyniri, rendelenmiş

Tuz, karabiber ve peynir dışındaki tüm malzemeleri yavaş pişiricide karıştırın. Kapağını kapatıp kısık ateşte 6-8 saat pişirin. Tuz ve karabiberle tatlandırın. Peyniri ekleyin, eriyene kadar karıştırın.

El Paso Domuz Eti ve Tatlı Mısır Çorbası

Poblano biberi bulamazsanız, herhangi bir hafif çeşit kabul edilebilir bir alternatif olacaktır.

Karaciğer 8

1 litre/1¾ pint zengin tavuk suyu veya tavuk suyu

450 g / 1 lb yağsız domuz eti, doğranmış

225 g tatlı mısır (dondurulmuşsa çözülmüş)

3 soğan, doğranmış

1 küçük poblano biberi

1 küçük jalapeño veya başka bir acı biber, ince doğranmış

1 diş sarımsak

1 çay kaşığı öğütülmüş kimyon

tatmak için tuz ve taze çekilmiş karabiber

100 g/4 oz ufalanmış beyaz peynir

Tuz, karabiber ve peynir dışındaki tüm malzemeleri yavaş pişiricide karıştırın. Kapağını kapatıp kısık ateşte 6-8 saat pişirin. Tuz ve karabiberle tatlandırın. Her porsiyonu Feta ile yayın.

Fransız sebze çorbası

Dana eti suyu, doğranmış dana eti ve bol miktarda taze sebzeyle hazırlanan bu çorba özel bir lezzettir.

Karaciğer 8

2,25 litre/4 pint Dana eti veya tavuk suyu

400 g/14 oz doğranmış domates konservesi

450 g yağsız haşlanmış dana eti, doğranmış

250 gr patates, soyulmuş ve doğranmış

150 g Fransız fasulyesi (kısa parçalar halinde kesilmiş)

100 g/4 oz karnabahar çiçeği

1 soğan, doğranmış

1 kereviz çubuğu, dilimlenmiş

1 havuç, dilimlenmiş

1 çay kaşığı kurutulmuş kekik

½ çay kaşığı kurutulmuş biberiye

175 g/6 ons küçük brokoli çiçeği

100g/4oz dondurulmuş bezelye, çözülmüş

tatmak için tuz ve taze çekilmiş karabiber

Brokoli, bezelye, tuz ve karabiber dışındaki tüm malzemeleri 5,5 litrelik yavaş ocakta birleştirin. Kapağını kapatıp 6-8 saat pişirin, son 20-30 dakikada brokoliyi ve bezelyeyi ekleyin. Tuz ve karabiberle tatlandırın.

Beyaz fasulye ve soğan çorbası

Manchego peyniri İspanya'dan gelir ve bu tarifte hoş bir son dokunuştur, ancak bunun yerine başka bir orta sertlikte beyaz peynir kullanabilirsiniz.

Karaciğer 4

450 gr soğan, ince dilimlenmiş

1-2 yemek kaşığı tereyağı veya margarin

½ çay kaşığı kuru hardal tozu

2 çay kaşığı un

400 g kutu beyaz veya cannellini fasulyesi, süzülmüş ve durulanmış

1 litre/1¾ pint Güzel kokulu et suyu veya et suyu

120 ml / 4 fl oz sek beyaz şarap (isteğe bağlı)

½ çay kaşığı kurutulmuş biberiye

¼ çay kaşığı kurutulmuş kekik

tatmak için tuz ve taze çekilmiş karabiber

4 yemek kaşığı rendelenmiş Manchego peyniri

Soğanları tereyağında büyük bir tavada orta-düşük ateşte, altın rengi kahverengi olana kadar 15 ila 20 dakika kızartın. Hardalı ve unu ekleyip 1-2 dakika pişirin.

Soğan karışımını ve tuz, karabiber ve peynir hariç kalan malzemeleri yavaş pişiricide karıştırın. Kapağını kapatıp kısık ateşte 6-8 saat pişirin. Tuz ve karabiberle tatlandırın. Her porsiyona 1 çorba kaşığı peynir serpin.

Provence Beyaz Fasulye Çorbası

Bu bitki çorbası için mükemmel bir garnitür olarak focaccia'yı sıcak olarak servis edin.

Karaciğer 8

1,5 litre/2½ pint sebze suyu

450ml/¾ pint su

450 gr kurutulmuş cannellini fasulyesi veya beyaz fasulye

2 soğan, doğranmış

1 büyük kereviz çubuğu, doğranmış

3 diş sarımsak, ezilmiş

2 çay kaşığı kurutulmuş adaçayı

3 büyük soyulmuş domates, parçalar halinde kesilmiş

2 çay kaşığı limon suyu

tatmak için tuz ve taze çekilmiş karabiber

Karışık bitki pesto (aşağıya bakınız)

Domates, limon suyu, tuz, karabiber ve karışık bitki pesto dışındaki tüm malzemeleri 5,5 litrelik yavaş ocakta birleştirin. Kapağını kapatın ve fasulyeler yumuşayana kadar kısık ateşte 7 ila 8 saat pişirin, son 30 dakika boyunca domates ve limon suyunu ekleyin. Tuz ve karabiberle tatlandırın. Her çorba kasesine 1 çorba kaşığı karışık bitki pestosunu karıştırın.

Karışık bitki pesto

Ekstra lezzet için çorbalara ve güveçlere karıştırın.

8'i eşlik olarak teslim edin

15 g/½ ons taze fesleğen yaprağı

15 g/½ ons taze maydanoz dalı

10 g/¼ ons taze kekik yaprağı

3 diş sarımsak

2-3 yemek kaşığı taze rendelenmiş parmesan

2-3 yemek kaşığı kıyılmış ceviz

2-3 yemek kaşığı zeytinyağı

2 çay kaşığı limon suyu

tatmak için tuz ve taze çekilmiş karabiber

Aromatik bitkileri, sarımsağı, Parmesanı ve cevizi bir mutfak robotunda karıştırın, çok ince doğranmış bir karışım elde edene kadar yavaş yavaş yağ ve limon suyunu ekleyin. Tuz ve karabiberle tatlandırın.

etli ve sebzeli italyan çorbası

İtalyan aile yemeğinin en önemli parçası olan doğranmış sığır eti içeren bu kalın çorbayı yapın. Karışık salata ve krutonla servis yapın.

Karaciğer 8

2,25 litre/4 litre sığır eti suyu

2 kutu 400 g cannellini fasulyesi, suyu süzülmüş ve durulanmış

175 g/6 ons domates püresi

1 lb/450 g yağsız rosto biftek, doğranmış (2 cm)

350g/12oz kabak, kabaca doğranmış

225 gr lahana, doğranmış

1 büyük soğan, doğranmış

2 havuç, dilimlenmiş

2 diş sarımsak, ezilmiş

2 adet defne yaprağı

1 yemek kaşığı kurutulmuş İtalyan otu baharatı

350 g/12 ons pişmiş dirsekli makarna

tatmak için tuz ve taze çekilmiş karabiber

Makarna, tuz ve karabiber dışındaki tüm malzemeleri 5,5 litrelik yavaş ocakta birleştirin. Kapağını kapatıp kısık ateşte 6-8 saat pişirin, son 15 dakikada makarnayı ekleyin. Defne yapraklarını atın. Tuz ve karabiberle tatlandırın.

Bahar Çorbası

Ünlü İtalyan çorbasının bu versiyonu karışık sebzelerden oluşuyor ve onu tamamlayacak nohut var.

Karaciğer 8

1,2 litre/2 pint sebze suyu

400g/14oz konserve nohut, suyu süzülmüş ve durulanmış

225 g lahana, iri rendelenmiş veya ince doğranmış

400 g/14 oz doğranmış domates konservesi

150 g Fransız fasulyesi (kısa parçalar halinde kesilmiş)

6 küçük yeni patates, yıkanmış ve dörde bölünmüş

2 küçük soğan, doğranmış

75 g pırasanın (yalnızca beyaz kısmı), ince dilimlenmiş

2 küçük havuç, dilimlenmiş

1 çay kaşığı kurutulmuş İtalyan otu baharatı

130 gr küçük brokoli çiçeği

75 g/3 oz dondurulmuş bezelye, çözülmüş

100 g makarna, pişmiş

25 g/1 ons ince kıyılmış maydanoz (isteğe bağlı)

tatmak için tuz ve taze çekilmiş karabiber

süslemek için taze rendelenmiş Parmesan

Brokoli, bezelye, makarna, maydanoz, tuz ve karabiber dışındaki tüm malzemeleri 5,5 litrelik yavaş ocakta birleştirin. Kapağını kapatıp kısık ateşte 6 ila 8 saat pişirin, son 30 dakikada brokoli, bezelye ve makarnayı ekleyin. Maydanozu karıştırın. Tuz ve karabiberle tatlandırın. Çorbanın her tabağına Parmesan peyniri serpin.

Minestrone nohut ve makarna

*Füme jambonla tatlandırılan bu sebze ve nohut çorbası
doyurucu ve lezzetlidir.*

Karaciğer 6

1,5 litre/2½ pint tavuk suyu
400g/14oz konserve nohut, suyu süzülmüş ve durulanmış
*400 g/14 oz konserve domates, kabaca doğranmış, suyuyla
birlikte*

100–150 g füme jambon, doğranmış

225 gr lahana, doğranmış

1 büyük soğan, doğranmış

2 büyük havuç, ince dilimlenmiş

2 kereviz sapı, ince dilimlenmiş

2 diş sarımsak, ezilmiş

1 yemek kaşığı kurutulmuş İtalyan otu baharatı

25 g/1 ons arpa

tatmak için tuz ve taze çekilmiş karabiber

Arpa, tuz ve karabiber dışındaki tüm malzemeleri 5,5 litrelik yavaş ocakta birleştirin. Kapağını kapatıp kısık ateşte 6-8 saat pişirin, son 20 dakikada arpayı ekleyin. Tuz ve karabiberle tatlandırın.

Etli sebze çorbası

Sığır küpleri ve domuz sosisi parçalarının birleşimi bu çorbayı kolay ve çok doyurucu hale getiriyor.

Karaciğer 8

1,5 litre/2 ½ pint sığır suyu

400g kutu cannellini fasulyesi, suyu süzülmüş ve durulanmış

400 g/14 oz doğranmış domates konservesi

700 g yağsız biftek, haşlama veya ızgara için, küp şeklinde kesilmiş

100g/4oz otlu domuz sosisi, parçalar halinde kesilmiş

1 büyük soğan, doğranmış

1 kereviz çubuğu, dilimlenmiş

2 havuç, dilimlenmiş

2 diş sarımsak, ezilmiş

2 çay kaşığı kurutulmuş fesleğen

1 çay kaşığı kurutulmuş kekik

1 defne yaprağı

275 g Fransız fasulyesi (kısa parçalar halinde kesilmiş)

50 gr rotini veya kabuklu makarna, pişmiş

tatmak için tuz ve taze çekilmiş karabiber

süslemek için taze rendelenmiş Parmesan

Makarna, tuz ve karabiber dışındaki tüm malzemeleri 5,5 litrelik/9½ pintlik yavaş pişiricide birleştirin. Kapağını kapatıp kısık ateşte 6-8 saat pişirin, son 15 dakikada makarnayı ekleyin. Defne yaprağını atın. Tuz ve karabiberle tatlandırın. Çorbanın her tabağına Parmesan peyniri serpin.

Gratin Vejetaryen Minestrone

Sebzeli çorba çorbası vejetaryenlerin kaçıramayacağı kadar iyi. Et yiyenler düşünülerek yapılmış kadar tatmin edici.

Karaciğer 8

1,5 litre/2 ½ pint sebze suyu

400g kutu cannellini fasulyesi, suyu süzülmüş ve durulanmış

400 g/14 oz kutu kırmızı barbunya fasulyesi, suyu süzülmüş ve

durulanmış

400 g/14 oz doğranmış domates konservesi

1 büyük soğan, doğranmış

1 kereviz çubuğu, dilimlenmiş

2 havuç, dilimlenmiş

1 büyük kabak, doğranmış

2 diş sarımsak, ezilmiş

2 çay kaşığı kurutulmuş fesleğen

1 çay kaşığı kurutulmuş kekik

1 defne yaprağı

275 g Fransız fasulyesi (kısa parçalar halinde kesilmiş)

50 gr rotini veya kabuklu makarna, pişmiş

8 dilim Fransız ekmeği

225 g Mozzarella peyniri, rendelenmiş

tatmak için tuz ve taze çekilmiş karabiber

süslemek için kıyılmış taze maydanoz

Makarna, tuz, karabiber, Fransız ekmeği ve peynir dışındaki tüm malzemeleri 5,5 litrelik yavaş pişiricide karıştırın. Kapağını kapatıp kısık ateşte 6-8 saat pişirin, son 15 dakikada makarnayı ekleyin. Fransız ekmeğini ızgarada kızartın. Her dilime 2 yemek kaşığı mozzarella peyniri serpin ve eriyene kadar 1 ila 2 dakika ızgara yapın. Defne yaprağını çıkarın ve çorbayı tuz ve karabiberle tatlandırın. Kaselere paylaştırın ve her birini bir dilim ekmek ve bir tutam kıyılmış maydanozla süsleyin.

Biberli Doyurucu Sebzeli Sebze Yemeği

Biberler bu dolgun çorbaya derinlik katıyor. Kolay ve doyurucu bir akşam yemeği için kruton ve salata ile servis yapın.

Karaciğer 4

1,5 litre/2½ pint tavuk suyu

2 kutu 400 g datterini domates

400 g konserve cannellini veya borlotti fasulyesi, süzülmüş ve

durulanmış

1 büyük soğan, doğranmış

1 kereviz sapı, kabaca doğranmış

1 kırmızı biber, kabaca doğranmış

2 havuç, iri doğranmış

2 kabak, kabaca doğranmış

2 diş sarımsak, ezilmiş

50 gr pepperoni veya sert salam, ince doğranmış

1 yemek kaşığı kurutulmuş İtalyan otu baharatı

90 gr pişmiş dirsek makarna

tatmak için tuz ve taze çekilmiş karabiber

Makarna, tuz ve karabiber dışındaki tüm malzemeleri 5,5 litrelik yavaş ocakta birleştirin. Kapağını kapatıp kısık ateşte 6-8 saat pişirin, son 15 dakikada makarnayı ekleyin. Tuz ve karabiberle tatlandırın.

İtalyan sebze çorbası

Hazır yiyecekler ve halihazırda sahip olduğunuz bazı sebzeler,
bu çorbanın hazırlanmasını çok kolay hale getirir.

Karaciğer 8

1,5 litre/2½ pint sebze suyu

2 kutu 400 g cannellini fasulyesi, suyu süzülmüş ve durulanmış

400 g/14 oz hazır domates sosu

175 g yeşillik, doğranmış

2 soğan, doğranmış

1 büyük havuç, dilimlenmiş

1 diş sarımsak, ezilmiş

1 çay kaşığı kurutulmuş İtalyan otu baharatı

*450 g karışık brokoli, tatlı mısır ve dondurulmuş kırmızı biber,
çözülmüş*

tatmak için tuz ve taze çekilmiş karabiber

Garnitür için gevrek kruton veya sarımsaklı kruton

5,5 litrelik/9½ pintlik yavaş pişiricide, çözülmüş sebzeler, tuz
ve karabiber dışındaki tüm malzemeleri birleştirin. Kapağını
kapatıp tam güçte 4-5 saat pişirin, son 20 dakikada çözülen
sebzeleri ekleyin. Tuz ve karabiberle tatlandırın. Krutonları
kaselere paylaştırın ve üzerine çorbayı dökün.

Nohut çorbası ve kuskus

*Kuskus, bu dolma çorbasında nohutun geleneksel bir
eşlikçisidir.*

Karaciğer 6

1,2 litre/2 pint sebze suyu

400 g/14 oz doğranmış domates konservesi

400g/14oz konserve nohut, suyu süzülmüş ve durulanmış

1 kabak, doğranmış

100 g/4 oz küçük karnabahar çiçeği

½ orta boy yeşil biber, doğranmış

1 soğan, doğranmış

1 kereviz çubuğu, kıyılmış

1 büyük havuç, doğranmış

1 defne yaprağı

1 diş sarımsak, ezilmiş

¾ çay kaşığı öğütülmüş kimyon

¾ çay kaşığı kurutulmuş kekik

cömert bir tutam öğütülmüş karanfil

50 gr kuskus

tatmak için tuz ve taze çekilmiş karabiber

Kuskus, tuz ve karabiber dışındaki tüm malzemeleri 5,5 litrelik yavaş ocakta birleştirin. Kapağını kapatıp tam güçte 4-5 saat pişirin. Isıyı kapatın ve kuskusu ekleyip karıştırın.

Üzerini kapatıp 5-10 dakika dinlendirin. Defne yaprağını atın. Tuz ve karabiberle tatlandırın.

Portekiz çorbası

Bu lezzetli lahana çorbası, Portekiz'in en sevdiği caldo verde'nin basitleştirilmiş bir versiyonudur. Mümkünse en özgün lezzet için Portekiz sosisi olan linguiça'yı kullanın. İsterseniz tavada kızartın ve iyice süzün. Değişiklik olsun diye karalahana yerine ıspanağı deneyin.

Karaciğer 4

1 litre/1¾ pint sığır eti suyu

400 g/14 oz kutu kırmızı barbunya fasulyesi, suyu süzülmüş ve durulanmış

50 gr hazır domates sosu

225 gr tütsülenmiş sosis, dilimlenmiş

3 patates, soyulmuş ve doğranmış

2 soğan, doğranmış

½ kırmızı biber, doğranmış

6 büyük diş sarımsak, ezilmiş

225 g/8 oz yeşil orman, dilimlenmiş

tatmak için tuz ve taze çekilmiş karabiber

Tadına göre Tabasco sosu

Lahana, tuz, karabiber ve Tabasco sosu dışındaki tüm malzemeleri yavaş tencerede karıştırın. Kapağını kapatıp tam güçte 4-5 saat pişirin, son 15 dakikada lahanayı ekleyin. Tuz, karabiber ve Tabasco sosuyla tatlandırın.

makarna ve fasulye

Meksika tarzı lezzet dokunuşuyla geleneksel bir fasulye ezmesi!

Karaciğer 6

750ml/1¼ pint sebze suyu

2 x 400 g/14 oz barbunya fasulyesi kutusu, suyu süzülmüş ve durulanmış

500 gr domates, parçalar halinde kesilmiş

2 soğan, doğranmış

1 yeşil biber, doğranmış

1 büyük havuç, dilimlenmiş

1 kereviz çubuğu, kıyılmış

1 diş sarımsak, ezilmiş

1 jalapeño veya diğer acı biber, ince doğranmış

2 çay kaşığı kurutulmuş kekik

175 g/6 ons pişmiş dirsekli makarna

15 g/½ ons doğranmış taze kişniş

tatmak için tuz ve kırmızı biber

Yavaş pişiricide makarna, kişniş, tuz ve kırmızı biber dışındaki tüm malzemeleri karıştırın. Kapağını kapatıp tam güçte 4-5 saat pişirin, son 15 dakika makarnayı ve kişnişi ekleyin. Tuz ve kırmızı biberle tatlandırın.

Cannellini ve İtalyan Lahana Çorbası

Bu kimyon vurgulu çorbada, tereyağı veya barbunya fasulyesi gibi herhangi bir beyaz fasulye, cannelloni yerine kullanılabilir.

Karaciğer 8

750ml/1¼ pint sebze suyu

250 ml/8 fl oz su

400g kutu cannellini fasulyesi, suyu süzülmüş ve durulanmış

350 g lahana, ince dilimlenmiş veya rendelenmiş

1 küçük soğan, kabaca doğranmış

3 diş sarımsak, ezilmiş

1 çay kaşığı kimyon tohumu, öğütülmüş

90 gr pişmiş penne

tatmak için tuz ve taze çekilmiş karabiber

Yavaş pişiricide makarna, tuz ve karabiber dışındaki tüm malzemeleri karıştırın. Kapağını kapatıp tam güçte 4-5 saat pişirin, son 20 dakikada makarnayı ekleyin. Tuz ve karabiberle tatlandırın.

Sicilya yaz domates çorbası

Güneşte olgunlaşmış domatesler, bol miktarda sarımsak ve bir miktar narenciye, bu Akdeniz çorbasını domateslerin en iyi durumda olduğu bir yaz günü için mükemmel kılar.

Karaciğer 10

1 litre/1¾ pint tavuk suyu

120 ml sek beyaz şarap veya ekstra tavuk suyu

50 ml portakal suyu

2 yemek kaşığı domates püresi

18 adet olgun erik veya asma domates, soyulmuş, çekirdekleri çıkarılmış ve doğranmış

2 kırmızı soğan, ince doğranmış

2 sarı soğan, ince doğranmış

75 g mantar, dilimlenmiş

4 taze soğan, doğranmış

1 havuç, doğranmış

1 kereviz çubuğu, kıyılmış

15 g/½ oz doğranmış taze maydanoz

9 büyük diş sarımsak, kıyılmış

1-2 yemek kaşığı kuru fesleğen

1 çay kaşığı şeker

1 portakalın rendelenmiş kabuğu

700 gr ıspanak, kabaca doğranmış
tatmak için tuz ve taze çekilmiş karabiber

Ispanak, tuz ve karabiber dışındaki tüm malzemeleri 5,5 litrelik yavaş ocakta birleştirin. Kapağını kapatıp tam güçte 4-5 saat pişirin, son 30 dakikada ıspanağı ekleyin. Tuz ve karabiberle tatlandırın.

Pancetta ve makarna ile kırmızı ve beyaz fasulye çorbası

Pirinç şeklindeki küçük makarna orzo, birçok Akdeniz yemeğiyle iyi gider, ancak erişte çorbası da iyidir.

Karaciğer 6

1,5 litre/2½ pint tavuk suyu

2 kutu 400 g cannellini fasulyesi, suyu süzülmüş ve durulanmış

400 g/14 oz kutu kırmızı barbunya fasulyesi, durulanmış ve suyu süzülmüş

400 g/14 oz hazır domates sosu

175 gr pastırma, ince dilimlenmiş

2 soğan, doğranmış

1 büyük kereviz çubuğu, doğranmış

2 çay kaşığı kurutulmuş İtalyan otu baharatı

50 gr orzo makarna veya çorba

tatmak için tuz ve taze çekilmiş karabiber

Arpa, tuz ve karabiber dışındaki tüm malzemeleri 5,5 litrelik yavaş ocakta birleştirin. Kapağını kapatıp kısık ateşte 6-8 saat pişirin, son 20 dakikada arpayı ekleyin. Tuz ve karabiberle tatlandırın.

Cannellini Fasulye ve Makarna Çorbası

Kilerinizde her zaman birkaç kutu cannellini fasulyesi bulundurursanız, basit bir akşam yemeği için ihtiyacınız olan şeye her zaman sahip olursunuz.

Karaciğer 4

1 litre/1¾ pint tavuk suyu

2 kutu 400 g cannellini fasulyesi, suyu süzülmüş ve durulanmış

130 gr pastırma, doğranmış pastırma

½ küçük kırmızı biber, doğranmış

2 diş sarımsak, ezilmiş

½ çay kaşığı kuru mercanköşk

½ çay kaşığı kurutulmuş adaçayı

100 g/4 oz ditalini

tatmak için tuz ve taze çekilmiş karabiber

Süslemek için parmesanlı kruton

Yavaş pişiricide ditalini, tuz ve karabiber dışındaki tüm malzemeleri karıştırın. Kapağını kapatıp kısık ateşte 6-8 saat pişirin, son 30 dakikada makarnayı ekleyin. Tuz ve karabiberle tatlandırın. Her çorba kasesine Parmesan krutonlarını serpin.

İtalyan Köfte Çorbası

Beğendiyseniz spagettiyi orecchiette veya conchiglie gibi diğer makarnalarla değiştirin.

Karaciğer 8

İtalyan hindi köftesi

2,25 litre/4 litre tavuk suyu

275 g Fransız fasulyesi (kısa parçalar halinde kesilmiş)

1 büyük havuç, dilimlenmiş

4 soğan, doğranmış

5 soyulmuş domates, kabaca doğranmış

2 diş sarımsak, ezilmiş

1-2 çay kaşığı kurutulmuş İtalyan otu baharatı

225 gr ince spagetti, 7,5 cm/3 parçaya bölünmüş, pişmiş tatmak için tuz ve taze çekilmiş karabiber

Makarna, tuz ve karabiber dışındaki tüm malzemeleri 5,5 litrelik yavaş ocakta karıştırın. Kapağını kapatıp kısık ateşte 6-8 saat pişirin, son 15-20 dakikada makarnayı ekleyin. Tuz ve karabiberle tatlandırın.

İtalyan hindi köftesi

İtalyan esintili çorbalarda yapımı çok kolay ve bir o kadar da lezzetli.

24-32 köfte yapar

700g/1½ lbs öğütülmüş hindi
1 yumurta
15 gr aromalı kuru ekmek kırıntısı
2 diş sarımsak, ezilmiş
1 yemek kaşığı kurutulmuş İtalyan otu baharatı
¾ çay kaşığı tuz
½ çay kaşığı biber

Tüm malzemeleri bir kapta karıştırın. Karışımdan 24-32 adet köfte oluşturun.

İtalyan mantar ve arpa çorbası

Çeşitlilik sağlamak için, bu lezzetli İtalyan çorbasında 400 g'lık (14 oz) süzülmüş ve durulanmış barbunya fasulyesi konservesi yerine arpayı kullanın.

Karaciğer 6

1,5 litre/2½ pint sebze suyu

450ml/¾ pint domates suyu

400 g/14 oz doğranmış domates konservesi

90 gr inci arpa

250 g mantar, dilimlenmiş

2 küçük havuç, doğranmış

2 küçük soğan, doğranmış

2 diş sarımsak, ezilmiş

1 çay kaşığı kurutulmuş fesleğen

1 çay kaşığı kurutulmuş kekik

tatmak için tuz ve taze çekilmiş karabiber

ekşi krema, garnitür için

Tuz ve karabiber dışındaki tüm malzemeleri 5,5 litrelik/9½ pintlik yavaş pişiricide birleştirin. Kapağını kapatıp kısık ateşte 6-8 saat pişirin. Tuz ve karabiberle tatlandırın. Her çorba kasesini bir parça ekşi kremayla kaplayın.

Lahana Çorbası ve Mantı

Taze mantı veya tortellini yavaş pişiricide pişirilebileceği gibi önceden pişirilip pişirildikten sonra yavaş tencereye eklenebilir. Lahana yerine ıspanak kullanabilirsiniz.

Karaciğer 6

1 litre/1¾ pint sebze suyu

450ml/¾ pint su

1 havuç, dilimlenmiş

200 g/7 ons erik veya asma domates, doğranmış

2 soğan, doğranmış

1 büyük kereviz çubuğu, doğranmış

2 diş sarımsak, ezilmiş

¾ çay kaşığı kurutulmuş fesleğen

¾ çay kaşığı kurutulmuş biberiye

250 gr taze otlu mantı

225g sebze sebze, iri doğranmış

2-3 çay kaşığı limon suyu

tatmak için tuz ve taze çekilmiş karabiber

Mantı, yeşillikler, limon suyu, tuz ve karabiber dışındaki tüm malzemeleri 5,5 litrelik yavaş ocakta birleştirin. Kapağını kapatıp kısık ateşte 6-8 saat pişirin. Mantıyı ve lahanayı ekleyin ve mantı yüzeye çıkana kadar yaklaşık 10-15 dakika

pişirmeye devam edin. Limon suyu, tuz ve karabiberle
tatlandırın.

Körili Köfte

*Damak zevkinize göre biraz daha fazla veya daha az köri tozu
kullanabilirsiniz.*

12-16 köfte yapar

225 g/8 ons yağsız sığır eti
1 küçük soğan, doğranmış veya çok ince doğranmış
1½ çay kaşığı köri tozu
½ çay kaşığı tuz
çay kaşığı biber

Tüm malzemeleri bir kapta karıştırın. Karışımdan 12-16 adet
köfte yapın.

Köri Köfte Çorbası

Bu hafif koyulaştırılmış çorba, köri ve nane ile hassas bir şekilde tatlandırılır ve köri köfteleriyle iyi uyum sağlar.

Karaciğer 4

Körili Köfte
1,2 litre/2 pint sığır eti suyu
1 soğan, doğranmış
2 çay kaşığı ezilmiş sarımsak
2 çay kaşığı köri tozu
5 cm/2 parçaya bölünmüş, pişmiş 50 gr şehriye
tatmak için tuz ve taze çekilmiş karabiber
15 g/½ ons taze nane, doğranmış

Yavaş pişiricide makarna, tuz, karabiber ve nane dışındaki tüm malzemeleri karıştırın. Kapağını kapatıp tam güçte 4-5 saat pişirin, son 15 dakikada makarnayı ekleyin. Tuz ve karabiberle tatlandırın. Naneyi ekleyin.

Mulligatawny

Hafifçe köri tozuyla tatlandırılmış renkli bir çorba.

Karaciğer 8

1,2 litre/2 litre tavuk suyu

450 gr derisiz tavuk göğsü filetosu, ikiye bölünmüş

400 g/14 oz doğranmış domates konservesi

3 soğan, kabaca doğranmış

175g pişirme elması, kabaca doğranmış

1 kereviz çubuğu, dilimlenmiş

1 havuç, dilimlenmiş

½ kırmızı biber, dilimlenmiş

75 g mumlu patates, soyulmuş ve doğranmış

1 büyük diş sarımsak, ezilmiş

2½ çay kaşığı köri tozu

1 çay kaşığı biber tozu

½ çay kaşığı öğütülmüş yenibahar

½ çay kaşığı kurutulmuş kekik

15 gr taze maydanoz, kabaca doğranmış

tatmak için tuz ve taze çekilmiş karabiber

Maydanoz, tuz ve karabiber dışındaki tüm malzemeleri 5,5 litrelik yavaş ocakta karıştırın. Kapağını kapatıp kısık ateşte 6-8 saat pişirin. Maydanozu karıştırın. Tuz ve karabiberle tatlandırın.

Hint usulü tavuklu patates ve ıspanak çorbası

Otların ve baharatların birleşimi bu çorbaya egzotik bir tat ve aroma verir.

Karaciğer 6

750ml/1¼ pint tavuk suyu

350g/12oz derisiz tavuk göğsü filetosu, doğranmış

400 g/14 oz doğranmış domates konservesi

350g/12oz fırında patates, soyulmuş ve doğranmış

2 soğan, doğranmış

2 büyük diş sarımsak, ezilmiş

½ çay kaşığı kimyon tohumu

½ çay kaşığı öğütülmüş kakule

1½ yemek kaşığı hafif veya baharatlı köri tozu

2 çay kaşığı öğütülmüş kişniş

275 g dondurulmuş doğranmış ıspanak, çözülmüş ve suyu süzülmüş

tatmak için tuz ve taze çekilmiş karabiber

Ispanak, tuz ve karabiber hariç tüm malzemeleri yavaş ocakta karıştırın. Kapağını kapatıp kısık ateşte 6-8 saat pişirin, son 20 dakikasında ıspanakları ekleyin. Tuz ve karabiberle tatlandırın.

Hint mercimek çorbası

Hindistan'dan gelen bu çorba, dal shorba, köri baharatlarıyla tatlandırılıyor. Kırmızı veya yeşil mercimek de kullanılabilir.

Karaciğer 8

1 litre/1¾ pint sebze suyu

1 litre/1¾ pint su

350 g/12 ons kuru kahverengi mercimek

1 soğan, doğranmış

1 diş sarımsak, ezilmiş

2 çay kaşığı köri tozu

1 çay kaşığı kişniş tohumu, doğranmış

1 çay kaşığı kimyon tohumu, öğütülmüş

½ çay kaşığı zerdeçal tozu

¼ çay kaşığı ezilmiş kırmızı biber gevreği

tatmak için tuz ve taze çekilmiş karabiber

6 yemek kaşığı sade yoğurt

5,5 litrelik yavaş pişiricide tuz, karabiber ve yoğurt dışındaki tüm malzemeleri birleştirin. Kapağını kapatıp kısık ateşte 6-8 saat pişirin. Tuz ve karabiberle tatlandırın. Her çorba kasesine bir kaşık dolusu yoğurt ekleyin.

Baharatlı Tavuk Çorbası

Bu baharatlı tavuk çorbası, hafif bir yemek için sıcak pide ekmeğiyle servis edilir.

Karaciğer 8

2,25 litre/4 litre tavuk suyu

700 gr derisiz tavuk göğsü filetosu (2 cm) doğranmış

1 soğan, ince dilimlenmiş

6 adet karabiber

2 çay kaşığı öğütülmüş kişniş

1 çay kaşığı zerdeçal tozu

1 çay kaşığı öğütülmüş zencefil

¼ çay kaşığı ezilmiş kırmızı biber gevreği

1½ çay kaşığı sirke

tatmak için tuz ve taze çekilmiş karabiber

garnitür için doğranmış taze kişniş

Kırmızı biber, sirke, tuz ve karabiber dışındaki tüm malzemeleri 5,5 litrelik yavaş ocakta birleştirin. Kapağını kapatıp kısık ateşte 6-8 saat pişirin, son 30 dakikada pul biberi ve sirkeyi ekleyin. Tuz ve karabiberle tatlandırın. Her çorba tabağını doğranmış taze kişnişle süsleyin.

Rus Lahana Çorbası

Kırmızı lahana ve pancar bu çorbaya parlak bir renk ve güzel bir tat verir. Dilerseniz kırmızı yerine yeşil lahana kullanabilirsiniz.

Karaciğer 8

1,5 litre/2½ pint sığır suyu

400 g/14 oz doğranmış domates konservesi

700 gr kırmızı lahana, ince dilimlenmiş

4 büyük pancar, soyulmuş ve doğranmış (1 cm/½ inç)

1 büyük havuç, dilimlenmiş

2 soğan, dilimlenmiş

150 g şalgam, doğranmış

175 g patates, soyulmuş ve doğranmış

1 yemek kaşığı sirke

tatmak için tuz ve taze çekilmiş karabiber

8 yemek kaşığı ekşi krema

Tuz, karabiber ve ekşi krema dışındaki tüm malzemeleri 5,5 litrelik yavaş ocakta birleştirin. Kapağını kapatıp kısık ateşte

6-8 saat pişirin. Tuz ve karabiberle tatlandırın. Her çorba kasesini bir kaşık ekşi kremayla doldurun.

Doyurucu sığır eti ve sebze çorbası

Artan pişmiş etler için lezzetli ve kullanışlı bir kullanım. Çiğ et kullanıyorsanız başlangıca ekleyin.

Karaciğer 8

1 litre/1¾ pint Güzel kokulu et suyu veya et suyu

450ml/¾ pint domates suyu

350 g/12 ons yeşil veya kırmızı lahana, kıyılmış

2 soğan, ince dilimlenmiş

1 büyük havuç, ince dilimlenmiş

75 g mantar, ince dilimlenmiş

175g patates, soyulmamış ve doğranmış

1 çay kaşığı kimyon tohumu

1 çay kaşığı kırmızı biber

600 g/1 lb 6 oz pişmiş yağsız sığır eti, doğranmış

2 yemek kaşığı kuru üzüm

1 yemek kaşığı şeker

2-3 çay kaşığı sirke

5,5 litrelik yavaş pişiricide et suyunu, domates suyunu, sebzeleri, kimyonu ve kırmızı biberi birleştirin. Kapağını kapatıp kısık ateşte 6-8 saat pişirin, son 30 dakikada dana eti, kuru üzüm, şeker ve sirkeyi ekleyin. Tuz ve karabiberle tatlandırın. Çorba kaselerini dereotu ekşi krema damlalarıyla süsleyin.

Dereotu ile ekşi krema

Pancar çorbasına ekleyebileceğiniz veya sos olarak kullanabileceğiniz lezzetli bir karışım.

6'yı eşlik olarak teslim edin

175 ml/6 fl oz ekşi krema
2 yemek kaşığı taze dereotu veya 1 yemek kaşığı kurutulmuş dereotu
1-2 çay kaşığı limon suyu

Bütün malzemeleri karıştır.

Lahana ve Sebze Çorbası

Sarımsaklı krutonlar bu çorba için ideal bir sondur, ancak aynı zamanda çıtır beyaz veya kepekli ekmek parçalarıyla da iyi giderler.

Karaciğer 8

1 litre/1¾ pint sebze suyu

450ml/¾ pint domates suyu

400 g/14 oz beyaz fasulye konservesi, durulanmış ve suyu süzülmüş

400g/14oz kutu kırmızı barbunya fasulyesi, durulanmış ve suyu süzülmüş

350 g/12 ons yeşil veya kırmızı lahana, kıyılmış

2 soğan, ince dilimlenmiş

1 büyük havuç, ince dilimlenmiş

75 g mantar, ince dilimlenmiş

175g patates, soyulmamış ve doğranmış

1 çay kaşığı kimyon tohumu

1 çay kaşığı kırmızı biber

2 yemek kaşığı kuru üzüm

1 yemek kaşığı şeker

2-3 çay kaşığı sirke

tatmak için tuz ve taze çekilmiş karabiber

Süslemek için sarımsaklı kruton

5,5 litrelik yavaş pişiricide et suyunu, domates suyunu, fasulyeyi, sebzeleri, kimyonu ve kırmızı biberi birleştirin. Kapağını kapatıp kısık ateşte 6-8 saat pişirin, son 30 dakikada kuru üzüm, şeker ve sirkeyi ekleyin. Tuz ve karabiberle tatlandırın. Çorba kaselerini Sarımsaklı Krutonlarla süsleyin.

Sığır eti pancar çorbası

Geleneksel pancar çorbası, yağsız sığır eti küpleriyle harika bir tada sahiptir ve bu onu temel bir yemek haline getirir.

Karaciğer 8

2,25 litre/4 litre sığır eti suyu

350 g/12 ons kavrulmuş yağsız sığır eti, doğranmış

450 gr pancar, soyulmuş ve doğranmış

350 g/12 ons kırmızı veya yeşil lahana, kıyılmış

3 küçük havuç, dilimlenmiş

2 soğan, doğranmış

1 yemek kaşığı kurutulmuş dereotu

50–75 ml/2–2½ fl oz sirke

tatmak için tuz ve taze çekilmiş karabiber

ekşi krema, garnitür için

Sirke, tuz ve karabiber dışındaki tüm malzemeleri 5,5 litrelik/9½ pintlik yavaş pişiricide birleştirin. Kapağını kapatıp kısık ateşte 6-8 saat pişirin, son saatte sirkeyi ekleyin. Tuz ve karabiberle tatlandırın. Her çorba kasesini bir parça ekşi kremayla kaplayın.

Sosisli pancar çorbası

Bu geleneksel çorba, sarımsaklı Polonya sosisi içerir. En iyi lezzet için et içeriği yüksek olanı seçin.

Karaciğer 8

1,5 litre/2½ pint sığır suyu

Füme Polonya Sosis 225 g/8 oz

1 küçük kırmızı lahana, ince dilimlenmiş

4 orta boy pancar, soyulmuş ve doğranmış

2 havuç, dilimlenmiş

1 diş sarımsak, ezilmiş

1 defne yaprağı

2-3 çay kaşığı şeker

2 yemek kaşığı sirke

tatmak için tuz ve taze çekilmiş karabiber

garnitür için doğranmış taze dereotu

Şeker, sirke, tuz ve karabiber dışındaki tüm malzemeleri 5,5 litrelik yavaş ocakta birleştirin. Kapağını kapatıp tam güçte 4-5 saat pişirin, son saatte şekeri ve sirkeyi ekleyin. Sosisleri çıkarın, dilimleyin ve çorbaya geri koyun. Defne yaprağını atın. Tuz ve karabiberle tatlandırın. Her çorba kasesine dereotu serpin.

Rus pancar çorbası

Bu Rus çorbası doyurucu bir soğuk hava yemeğidir.

Karaciğer 6

1,2 litre/2 pint sığır eti suyu

400 g/14 oz doğranmış domates konservesi

450 gr lahana, ince dilimlenmiş

275 g pancar, rendelenmiş

2 büyük havuç, rendelenmiş

2 soğan, doğranmış

150 g şalgam, rendelenmiş

1 yemek kaşığı şeker

2 adet defne yaprağı

1 çay kaşığı kurutulmuş kekik

3-4 yemek kaşığı kırmızı şarap sirkesi

tatmak için tuz ve taze çekilmiş karabiber

Dereotu ile ekşi krema

Sirke, tuz, karabiber ve dereotu ekşi krema dışındaki tüm malzemeleri 5,5 litrelik / 9½ pintlik yavaş pişiricide birleştirin. Kapağını kapatıp kısık ateşte 6-8 saat pişirin. Sirke, tuz ve karabiberle tatlandırın. Defne yapraklarını atın. Her çorba kasesini dereotu ekşi kremayla gezdirin.

Doğu Avrupa pancar çorbası

Yavaş pişirme, sığır eti ve tütsülenmiş sosis içeren bu sevilen pancar çorbasının lezzetini ortaya çıkarır.

Karaciğer 12

2,25 litre/4 pint su

450 g/1 lb haşlanmış veya kızarmış yağsız biftek, doğranmış

700 gr tütsülenmiş sosis, dilimler halinde kesilmiş

450 gr lahana, kıyılmış

500 gr pancar, pişmiş, soyulmuş ve iri rendelenmiş

450 gr patates, soyulmuş ve rendelenmiş

1 büyük havuç, rendelenmiş

2 soğan, dilimlenmiş

2 yemek kaşığı kırmızı şarap sirkesi

1 çay kaşığı şeker

2 çay kaşığı kurutulmuş mercanköşk
2 çay kaşığı kurutulmuş dereotu
tatmak için tuz ve taze çekilmiş karabiber
250 ml/8 fl oz ekşi krema
15 g/½ oz doğranmış taze dereotu

Tuz, karabiber, ekşi krema ve dereotu dışındaki tüm malzemeleri 5,5 litrelik yavaş ocakta birleştirin. Kapağını kapatıp kısık ateşte 6-8 saat pişirin. Tuz ve karabiberle tatlandırın. Her çorba kasesini bol miktarda ekşi kremayla süsleyin ve üzerine dereotu serpin.

Gulaş çorbası

İstenirse pişirme süresinin sonunda 175 ml/6 fl oz ekşi krema ve 1 yemek kaşığı mısır nişastasını çorbayla birleştirin. 2-3 dakika karıştırın.

Karaciğer 6

1,5 litre/2½ pint sığır suyu

450g/1lb kızarmış yağsız biftek, doğranmış

350 gr patates, soyulmuş ve doğranmış

2 soğan, doğranmış

150 g/5 oz yeşil fasulye, 2 cm/¾ uzunlukta kesilmiş

1 havuç, ince dilimlenmiş

1 kereviz çubuğu, doğranmış

2 büyük diş sarımsak, ezilmiş

50 g/2 ons inci arpa

1 defne yaprağı

1½ çay kaşığı kırmızı biber

½ çay kaşığı kurutulmuş kekik

½ çay kaşığı kuru hardal tozu

400 g/14 oz hazır domates sosu

tatmak için tuz ve taze çekilmiş karabiber

Ketçap, tuz ve karabiber dışındaki tüm malzemeleri 5,5 litrelik yavaş ocakta birleştirin. Kapağını kapatıp kısık ateşte 6-8 saat pişirin, son saatte domates sosunu ekleyin. Defne yaprağını atın. Tuz ve karabiberle tatlandırın.

Gulaş Fasulye Çorbası

Kimyon tohumları ve kırmızı biber, bu sebze, sığır eti ve fasulye çorbasına Macar bir dokunuş katıyor.

Karaciğer 8

1 litre/1¾ pint sığır eti suyu

2 kutu 400 g kırmızı fasulye, suyu süzülmüş ve durulanmış

400 g/14 oz doğranmış domates konservesi

700g/1½lb yağsız sığır filetosu biftek, doğranmış

350 g/12 ons kıyılmış lahana

4 soğan, doğranmış

1 büyük havuç, doğranmış

1 kırmızı biber, doğranmış

3 büyük diş sarımsak, ezilmiş

1 yemek kaşığı kırmızı biber

2 çay kaşığı kimyon tohumu, öğütülmüş

1 çay kaşığı kurutulmuş kekik

tatmak için tuz ve taze çekilmiş karabiber

120 ml/4 fl oz ekşi krema

Tuz, karabiber ve ekşi krema dışındaki tüm malzemeleri 5,5 litrelik yavaş ocakta birleştirin. Kapağını kapatıp kısık ateşte 6-8 saat pişirin. Tuz ve karabiberle tatlandırın. Her çorba kasesini ekşi krema damlalarıyla süsleyin.

Kuzey Afrika usulü baharatlı tavuk çorbası

Kuzey Afrika mutfağının baharatlı tatlarına ve doyurucu dokularına göz atın.

Karaciğer 6

1,5 litre/2 ½ pint tavuk suyu

400 g/14 ons kutu domates

450 gr derisiz tavuk göğsü filetosu, küp şeklinde doğranmış

6 soğan, kabaca doğranmış

1 kereviz çubuğu, dilimlenmiş

50g/2oz bulgur buğdayı

2 büyük diş sarımsak, ezilmiş

1 tarçın çubuğu

2 büyük defne yaprağı

¾ çay kaşığı kuru mercanköşk

¾ çay kaşığı kurutulmuş kekik

bir tutam öğütülmüş karanfil

tatmak için tuz ve taze çekilmiş karabiber

Tuz ve karabiber dışındaki tüm malzemeleri 5,5 litrelik yavaş ocakta birleştirin. Kapağını kapatıp kısık ateşte 6-8 saat pişirin. Tarçın çubuğunu ve defne yapraklarını çıkarın. Tuz ve karabiberle tatlandırın.

Bask sebze çorbası

Bol miktarda sarımsak ve kekik bu lezzetli nohut çorbasına İspanyol teması katıyor.

Karaciğer 8

2,5 litre/4¼ pint tavuk suyu

120 ml sek kırmızı şarap veya tavuk suyu

700 gr derisiz tavuk göğsü filetosu, küp şeklinde kesilmiş

2 kutu 400g nohut, suyu süzülmüş ve durulanmış

450 gr lahana, iri doğranmış

2 soğan, doğranmış

100 gr pırasanın (sadece beyaz kısımları), doğranmış

175g patates, soyulmamış ve doğranmış

65 g şalgam, doğranmış

1 havuç, doğranmış

½ kırmızı biber, doğranmış

½ yeşil biber, doğranmış

5 büyük diş sarımsak, ince doğranmış

2 çay kaşığı kurutulmuş kekik

tatmak için tuz ve taze çekilmiş karabiber

Süslemek için sarımsaklı kruton

Tuz ve karabiber dışındaki tüm malzemeleri 5,5 litrelik yavaş ocakta birleştirin. Kapağını kapatıp kısık ateşte 6-8 saat pişirin. Tuz ve karabiberle tatlandırın. Çorbanın her kasesine Sarımsaklı Kruton serpin.

Erişte ve tavuk ile oryantal çorba

Yemeğe güzel ve belirleyici bir tat vermek için birkaç kurutulmuş doğu mantarı yeterlidir.

Karaciğer 4

25 g/1 ons kurutulmuş istiridye mantarı veya shiitake mantarı

750ml/1¼ pint tavuk suyu

2 yemek kaşığı kuru şeri (isteğe bağlı)

225 g derisiz tavuk göğsü filetosu, doğranmış

50 gr düğme mantarı, dilimlenmiş

1 havuç, dilimlenmiş

1½ çay kaşığı hafif soya sosu

½ çay kaşığı Çin beş baharat tozu

Kurutulmuş mantarları bir kaseye koyun ve üzerini kaplayacak kadar sıcak su dökün. Mantarlar yumuşayana kadar yaklaşık 15 dakika bekletin. Boşaltmak. Shiitake'nin sert kısımlarını ve saplarını atarak mantarları kesin.

Yavaş pişiricide mantarları ve erişte, erişte, tuz ve karabiber dışındaki diğer malzemeleri karıştırın. Kapağını kapatıp tam güçte 4 ila 5 saat pişirin, son 20 dakikada tagliatelle ve tagliatelle'yi ekleyin. Tuz ve karabiberle tatlandırın.

Doğu Batı çorbasıyla buluşuyor

Bu kremalı ve baharatlı çorbanın üzerine kırmızı biberle tatlandırılmış çıtır wontonlar eklenir.

Karaciğer 6

1 litre/1¾ pint tavuk suyu

Bir kutudan 225g yeşil biber, suyu süzülmüş ve doğranmış

2 soğan, ince dilimlenmiş

1 büyük kereviz çubuğu, ince dilimlenmiş

1 küçük jalapeño veya başka bir acı biber, ince doğranmış

2,5 cm/1 adet taze zencefil kökü, ince rendelenmiş

3 büyük diş sarımsak, ezilmiş

1 çay kaşığı öğütülmüş kimyon

250ml/8 fl oz yarım yağlı süt

2 yemek kaşığı mısır nişastası

tatmak için tuz ve taze çekilmiş karabiber

15 g/½ ons taze kişniş, doğranmış

Biber wontonları (aşağıya bakın)

Süt, mısır nişastası, tuz, karabiber, kişniş ve kırmızı biber aromalı wontonlar dışındaki tüm malzemeleri yavaş pişiricide karıştırın. Kapağını kapatıp kısık ateşte 6-8 saat pişirin. Kombine süt ve mısır nişastasını ilave edip 2 ila 3 dakika karıştırın. Tuz ve karabiberle tatlandırın. Kişnişi karıştırın. Chilli Wontons ile servis edilir.

Acılı wonton

Yukarıdaki gibi çorbalarda harikalar ama aynı zamanda lezzetli elle yenen yemekler de yapıyorlar.

36 yap

1 çay kaşığı acı biber tozu

½ çay kaşığı sarımsak tozu

¼ çay kaşığı acı biber

2 çay kaşığı kanola yağı

2 çay kaşığı su

18 wonton ambalaj kağıdı, çapraz olarak ikiye bölünmüş.

Wontonları yapmak için, wonton ambalajları dışındaki tüm wonton malzemelerini birleştirin. Hazırladığınız karışımı her iki tarafına da sürün ve fırın tepsisine dizin. 190°C/gazlı 5/fanlı fırın 170°C'de, çıtır çıtır olana kadar, yaklaşık 5 dakika pişirin. Raflarda serinleyin.

Tavuk Wonton Çorbası

Wonton'lar önceden hazırlanabilir ve pişirilmeden önce birkaç saat buzdolabında üstü kapalı olarak saklanabilir.

Karaciğer 6

1 litre/1¾ pint tavuk suyu

225 g tatlı mısır, taze veya konserve, suyu süzülmüş ve durulanmış

½ kırmızı biber, doğranmış

1 havuç, doğranmış

2 cm/¾ doğranmış taze zencefil kökü, ince rendelenmiş

2 çay kaşığı soya sosu

1 çay kaşığı kızarmış susam yağı

65 gr ıspanak yaprağı, dilimlenmiş

Tavuk mantısı

tatmak için tuz ve kırmızı biber

Susam yağı, ıspanak, tavuk mantısı, tuz ve kırmızı biber dışındaki tüm malzemeleri yavaş ocakta karıştırın. Kapağını kapatıp kısık ateşte 4-5 saat pişirin, son 10 dakikada ıspanakları ekleyin. Tavuk wontonlarını karıştırın. Tuz ve kırmızı biberle tatlandırın.

Tavuk mantısı

Tavuk mantıları yukarıdaki çorba tarifinin en üst rafında yer alır ve ayrıca partilerde lezzetli mezeler yapar.

24 önce

225 g/8 ons derisiz tavuk göğsü filetosu

3 taze soğan, dilimlenmiş

1 cm/½ parça taze zencefil kökü, ince rendelenmiş

24 wonton sarmalayıcı

Ambalaj malzemeleri dışındaki tüm malzemeleri mutfak robotunda ince kıyılana kadar işleyin. Her bir ambalajın üzerine 1 çay kaşığı tavuk karışımından koyun. Kenarlarını suyla ıslatın ve üçgenler oluşturacak şekilde çapraz olarak ikiye katlayın, kenarları kapatın. Wontonları kaynayan suyla dolu büyük bir tencerede yüzeye çıkana kadar 5 ila 7 dakika pişirin. Süzüp servis yapın.

Ekşi sos

Tatlı ve ekşi arasında çok hassas bir denge. İsterseniz pirinç sirkesi yerine damıtılmış beyaz sirkeyi, tamari sosu yerine soya sosunu kullanabilirsiniz.

6'yı eşlik olarak teslim edin

3 yemek kaşığı pirinç sirkesi

1 yemek kaşığı tamari sosu

2 yemek kaşığı açık kahverengi şeker

Tüm malzemeleri şeker eriyene kadar karıştırın.

Sıcak ve ekşi çorba

Tatlı ve ekşi zıtlıkları bu mandalina çorbasını eşsiz bir yemek haline getiriyor. Biber susam yağı ve beraberindeki ekşi sosun yoğun bir tadı vardır, bu nedenle dikkatli kullanın.

Karaciğer 6

25g/1oz kurutulmuş siyah Çin mantarı

175 ml / 6 fl oz kaynar su

1 litre/1¾ pint sebze suyu

350g/12oz tempeh veya tofu, doğranmış

100g/4oz bambu filizleri

50 ml pirinç sirkesi veya damıtılmış beyaz sirke

2 yemek kaşığı tamari veya soya sosu

2,5 cm/1 adet taze zencefil kökü, ince rendelenmiş

1 yemek kaşığı esmer şeker

1 yemek kaşığı mısır nişastası

3 yemek kaşığı su

tatmak için tuz ve taze çekilmiş karabiber

1 yumurta, hafifçe çırpılmış

1 çay kaşığı kızarmış susam yağı

12-18 damla acı biber susam yağı veya Szechuan biber sosu

Ekşi Sos (yukarıya bakın)

Mantarları küçük bir kaseye koyun ve üzerine kaynar su dökün. Mantarlar yumuşayana kadar 15 ila 20 dakika bekletin. Sıvıyı saklayarak boşaltın. Mantarları kesin, sert saplarını atın. Mantarları ve ayrılmış sıvıyı, sos, tempeh veya tofu, bambu filizleri, sirke, tamari veya soya sosu, zencefil ve esmer şekeri yavaş pişiricide birleştirin. Kapağını kapatıp tam güçte 2-3 saat pişirin. Birleşik mısır unu ve suyu ekleyip 2 ila 3 dakika karıştırın. Tuz ve karabiberle tatlandırın. Yumurtayı yavaşça çorbaya karıştırın. Susam yağını karıştırın. Biber yağı ve tatlı ekşi sosla servis yapın.

Soba erişteli Asya mantar çorbası

Bazı shiitake mantarlarının keskin tadı, bu hafif Asya çorbasının genel mantar tadını arttırır. Soba eriştesi yerine ince yumurtalı erişte veya erişte kullanılabilir.

Karaciğer 6

750ml/1¼ pint kaynar su

25 g/1 ons kurutulmuş shiitake mantarı

1 litre/1¾ pint sebze suyu

700 gr kahverengi mantar, ince doğranmış

½ küçük soğan, ince doğranmış

1 diş sarımsak, ezilmiş

½ çay kaşığı kurutulmuş kekik

120 ml / 4 fl oz sek beyaz şarap (isteğe bağlı)

100 g soba eriştesi, pişmiş

225 g kabak, kesilmiş

10 turp, dilimlenmiş

1 yemek kaşığı kırmızı şarap sirkesi

tatmak için tuz ve taze çekilmiş karabiber

Kaynayan suyu bir kasedeki shiitake mantarlarının üzerine dökün ve yumuşayana kadar yaklaşık 15 dakika bekletin. Sıvıyı bir kaseye boşaltın. Sıvıyı ince bir elek ile süzün ve bir kenara koyun. Mantarları ince ince doğrayın, sert saplarını çıkarın.

5,5 litrelik/9½ litrelik yavaş pişiricide, shiitake mantarlarını, ayrılmış sıvıyı ve erişte, yeşil fasulye, turp, sirke, tuz ve karabiber hariç kalan malzemeleri birleştirin. Kapağını kapatıp tam güçte 4-5 saat pişirin, son 20 dakikada erişte, erişte, turp ve sirkeyi ekleyin. Tuz ve karabiberle tatlandırın.

Asya shiitake ve şehriye çorbası

Shiitake mantarları ve Japon udonu bu çorbaya karakteristik tam lezzetini verir.

Karaciğer 6

1 litre/1¾ pint sığır eti suyu
75 g ince dilimlenmiş shiitake veya diğer yabani mantarlar, sert sapları atılmış
1 kırmızı biber, doğranmış

1 büyük havuç, doğranmış

2 taze soğan, dilimlenmiş

1 cm/½ parça taze zencefil kökü, ince rendelenmiş

1 diş sarımsak, ezilmiş

1 çay kaşığı kızarmış susam yağı

1 çay kaşığı tamari veya soya sosu

65 gr doğranmış ıspanak

tatmak için tuz ve taze çekilmiş karabiber

225g Japon udon eriştesi, pişmiş, sıcak

Susam yağı, tamari veya soya sosu, ıspanak, tuz, karabiber ve erişte dışındaki tüm malzemeleri yavaş tencerede karıştırın. Kapağını kapatıp yüksek ateşte 4 ila 6 saat pişirin, son 10 dakikada susam yağı, tamari veya soya sosu ve ıspanağı ekleyin. Tuz ve karabiberle tatlandırın. Erişteleri kaselere koyun ve üzerine çorbayı dökün.

Portakallı Kişnişli Pilavlı Chili Tavuk

Baharatlı ve aromatik bir biber.

Karaciğer 6

450 gr derisiz tavuk göğsü filetosu, küp şeklinde doğranmış

2 kutu 400 g doğranmış domates

400g kutu cannellini fasulyesi, suyu süzülmüş ve durulanmış

Yavaş pişiricide tuz, karabiber, kişniş ve portakal kişnişli pirinç dışındaki tüm malzemeleri karıştırın. Kapağını kapatıp kısık ateşte 6-8 saat pişirin. Tuz ve karabiberle tatlandırın. Biberleri taze kişnişle süsleyin ve portakallı kişnişli pilav ile servis yapın.

Portakallı ve kişnişli pilav

Nefis kokulu bir pirinç yemeği.

Karaciğer 6

4 taze soğan, dilimlenmiş

yağlama için yağ

225 g/8 ons uzun taneli pirinç

1 küçük portakalın rendelenmiş kabuğu

500 ml/17 fl oz su

2 yemek kaşığı ince kıyılmış taze kişniş

tuz ve taze çekilmiş karabiber

Soğanları hafifçe yağlanmış orta boy bir tavada yumuşayana kadar 3 ila 5 dakika soteleyin. Pirinç ve portakal kabuğunu ekleyin. Pirinç hafifçe kızarana kadar orta ateşte 2 ila 3 dakika karıştırın. Suyu ekleyin ve kaynatın. Isıyı azaltın ve kapağı kapalı olarak, pirinç yumuşayana kadar 20 ila 25 dakika pişirin. Kişnişi karıştırın. Tuz ve karabiberle tatlandırın.

Beyaz Chili

Bazen, mevsimde, tomatillolar etnik pazarlardan satın alınabilir, bu yüzden onları bulacak kadar şanslıysanız, bu biberli tavukla servis yapmak için Tomatillo Salsa'yı deneyin, ancak mağazadan satın alınan salsa da iyi olur.

Karaciğer 8

450 gr derisiz tavuk göğsü filetosu, doğranmış (2 cm)

450 ml/¾ pint tavuk suyu

2 kutu 400 g cannellini fasulyesi, suyu süzülmüş ve durulanmış

1 kırmızı veya yeşil biber, doğranmış

2 soğan, doğranmış

2 diş sarımsak, ezilmiş

2 çay kaşığı ince doğranmış jalapeño veya diğer orta-acı biber

2 cm/¾ doğranmış taze zencefil kökü, ince rendelenmiş

1 çay kaşığı kurutulmuş kekik

1 çay kaşığı kurutulmuş kekik

1 yemek kaşığı mısır nişastası

tuz ve taze çekilmiş karabiber

Domates sosu

ekşi krema, garnitür için

Yavaş pişiricide 120 ml/4 fl oz et suyu, mısır nişastası, tuz, karabiber ve Tomatillo sosu dışındaki tüm malzemeleri birleştirin. Kapağını kapatıp kısık ateşte 6-8 saat pişirin. Maksimum güçte 10 dakika pişirin. Geriye kalan birleşik et suyu ve mısır nişastasını 2 ila 3 dakika karıştırarak ilave edin.

Tuz ve karabiberle tatlandırın. Tomatillo sosu ve ekşi krema ile servis yapın.

Domates sosu

Domatesleri büyük süpermarketlerden veya etnik mağazalardan satın alabilirsiniz.

8'i eşlik olarak teslim edin

350 g soyulmuş domates

½ küçük soğan, doğranmış

1 yemek kaşığı ince kıyılmış taze kişniş

1 çay kaşığı doğranmış jalapeño veya diğer orta boy acı biber

1 diş sarımsak, ezilmiş

¼ çay kaşığı öğütülmüş kimyon

bir tutam şeker

Tatmak için tuz

Domatesleri büyük bir tavada üzerini kaplayacak kadar suda, yumuşayana kadar 5 ila 8 dakika pişirin. Sıvıyı saklayarak soğutun ve boşaltın. Domatesleri ve tuz hariç diğer malzemeleri bir mutfak robotu veya blenderde neredeyse pürüzsüz hale gelene kadar işleyin ve orta kıvama yetecek kadar ayrılmış sıvıyı ekleyin. Tuzla tatlandırın.

Tatlı ve baharatlı biber

Tatlı patatesli ve sıcak baharatlı tavuk, kırmızı biber ve taze zencefil köküyle bir araya gelerek çok güçlü bir yemek ortaya çıkar.

Karaciğer 6

450 gr derisiz tavuk göğsü filetosu, doğranmış (2 cm)

750ml/1¼ pint tavuk suyu

2 kutu 400 g cannellini fasulyesi, suyu süzülmüş ve durulanmış

3 soğan, doğranmış

225 g mantar, dörde bölünmüş

2 tatlı patates, soyulmuş ve doğranmış (2 cm)

2 diş sarımsak, ezilmiş

2 cm/¾ doğranmış taze zencefil kökü, ince rendelenmiş

2 çay kaşığı ince rendelenmiş jalapeño veya diğer orta boy acı biber

1 çay kaşığı kurutulmuş kekik

1 çay kaşığı öğütülmüş kurutulmuş kimyon

½ çay kaşığı öğütülmüş kişniş

½ çay kaşığı öğütülmüş tarçın

tatmak için tuz ve beyaz biber

ekşi krema, garnitür için

Tuz ve karabiber dışındaki tüm malzemeleri 5,5 litrelik/9½ pintlik yavaş pişiricide birleştirin. Kapağını kapatıp kısık ateşte 6-8 saat pişirin. Tuz ve karabiberle tatlandırın. Ekşi krema ile servis yapın.

Kavrulmuş Biber

İşte yağsız ve sağlıklı bir profil hindi biberi. Atıştırmalık olarak üzerine ufalanmış tortilla cipsi serperek servis yapın.

Karaciğer 4

450 g/1 lb öğütülmüş hindi

2 kutu domates 400 g/14 oz

400 g/14 oz kutu siyah fasulye veya barbunya fasulyesi, suyu süzülmüş ve durulanmış

2 kırmızı soğan, doğranmış

½ tenekeden kavrulmuş kırmızı biber, iri doğranmış

1 küçük jalapeño veya başka bir acı biber, ince doğranmış

1 yemek kaşığı pul biber (isteğe bağlı)

½ çay kaşığı öğütülmüş kimyon

¼ çay kaşığı öğütülmüş yenibahar

tatmak için tuz ve taze çekilmiş karabiber

Hindiyi hafifçe yağlanmış bir tavada orta ateşte kızarana kadar yaklaşık 5 dakika pişirin, çatalla ufalayın. Hindiyi ve tuz ve karabiber dışındaki diğer malzemeleri yavaş pişiricide karıştırın. Kapağını kapatıp kısık ateşte 6-8 saat pişirin. Tuz ve karabiberle tatlandırın.

Kaliforniya biberi

Bu sıcak ve baharatlı tavuklu biber, ayçiçeği çekirdeğinin çıtırtısına ve avokadonun pürüzsüzlüğüne sahiptir.

Karaciğer 6

450 gr derisiz tavuk göğsü filetosu, doğranmış (2,5 cm)

750 gr olgun erik veya asma domates, dilimler halinde kesilmiş

50 gr yumuşatılmış güneşte kurutulmuş domates (yağda değil), doğranmış

250 ml/8 fl oz sek kırmızı şarap veya tavuk suyu tavuk

1-2 yemek kaşığı pul biber

1 çay kaşığı ince öğütülmüş karışık biber

¼ – ½ çay kaşığı ezilmiş kırmızı biber gevreği

1 avokado, doğranmış

2 yemek kaşığı ayçiçeği çekirdeği, kızartılmış

Tatmak için tuz

Garnitür için 6 yemek kaşığı kıyılmış taze fesleğen

Avokado, ayçiçeği çekirdeği ve tuz dışındaki tüm malzemeleri yavaş pişiricide karıştırın. Kapağını kapatıp kısık ateşte 6-8 saat pişirin. Avokado ve ayçiçeği tohumlarını ekleyin. Tuzla tatlandırın. Her bir biber kasesine fesleğen serpin.

Büyük kırmızı biber

Kırmızı soğan, kırmızı barbunya fasulyesi, kırmızı biber ve doğranmış domates içeren bol miktarda tekme içeren baharatlı dana biber.

Karaciğer 4

225 g/8 ons yağsız sığır eti

2 kutu 400 g doğranmış domates

400 g/14 oz kutu kırmızı barbunya fasulyesi, suyu süzülmüş ve durulanmış

1 büyük kırmızı soğan, doğranmış

1 kırmızı biber, doğranmış

2 yemek kaşığı kırmızı şarap sirkesi

2 yemek kaşığı biber tozu

¼ çay kaşığı öğütülmüş yenibahar

150 g/5 oz. domates ve biber sosu

tatmak için tuz ve taze çekilmiş karabiber

Sığır eti, hafifçe yağlanmış büyük bir tavada, orta ateşte, kahverengileşene kadar yaklaşık 5 dakika pişirin ve bir çatalla parçalayın. Sığır eti ve tuz ve karabiber dışındaki diğer malzemeleri yavaş pişiricide karıştırın. Kapağını kapatıp kısık ateşte 6-8 saat pişirin. Tuz ve karabiberle tatlandırın.

Peperoncino çiftlik evi

Adaçayı ve akçaağaç şurubu ile tatlandırılmış lezzetli bir domuz biberi.

Karaciğer 4

225 gr ufalanmış domuz sosisi gr

2 kutu 400 g doğranmış domates

400 g/14 oz kutu kırmızı barbunya fasulyesi, suyu süzülmüş ve durulanmış

1 büyük kırmızı soğan, doğranmış

1 kırmızı biber, doğranmış

2 yemek kaşığı kırmızı şarap sirkesi

1-2 yemek kaşığı akçaağaç şurubu

1 yemek kaşığı biber tozu

¾ çay kaşığı öğütülmüş kimyon
¾ çay kaşığı kurutulmuş adaçayı
150ml/¼ pint domates suyu
tatmak için tuz ve taze çekilmiş karabiber

Domuzu hafifçe yağlanmış büyük bir tavada orta ateşte, kızarana kadar yaklaşık 5 dakika pişirin ve bir çatalla parçalayın. Yavaş pişiricide domuz eti ve tuz ve karabiber hariç kalan malzemeleri karıştırın. Kapağını kapatıp kısık ateşte 6-8 saat pişirin. Tuz ve karabiberle tatlandırın.

Etli mısır ve fasulye

Tüm kıyma tariflerinde olduğu gibi en kalitelisini ve çok az yağını almaya çalışın. Bu yemeği mısır unu cipsiyle servis edin.

Karaciğer 8

350 g/12 ons yağsız sığır eti
yağlama için yağ
2 kutu 400 g doğranmış domates
2 x 400 g/14 oz barbunya fasulyesi kutusu, suyu süzülmüş ve durulanmış
1 litre/1¾ pint sığır eti suyu
225 g tatlı mısır (dondurulmuşsa çözülmüş)
1 büyük soğan, ince doğranmış

1-2 yemek kaşığı biber tozu veya tadı

1 çay kaşığı öğütülmüş kimyon

1 çay kaşığı şeker

tatmak için tuz ve taze çekilmiş karabiber

Mısır unu cipsleri (aşağıya bakın)

Sığır eti, hafifçe yağlanmış büyük bir tavada, orta ateşte, kahverengileşene kadar yaklaşık 8 dakika pişirin ve bir çatalla parçalayın. Sığır eti ve tuz, karabiber ve mısır cipsi hariç kalan malzemeleri 5,5 litrelik yavaş pişiricide birleştirin. Kapağını kapatıp kısık ateşte 6-8 saat pişirin. Tuz ve karabiberle tatlandırın. Mısır unu cipsleriyle servis yapın.

Mısır cipsi

Biberle mükemmel.

8'i eşlik olarak teslim edin

100g/4oz kendiliğinden kabaran un

40 gr polenta

1 yemek kaşığı şeker

50 gr soğuk tereyağı veya margarin, parçalar halinde kesilmiş

1 yemek kaşığı damıtılmış beyaz sirke

50ml buzlu soğuk su

yağlama için yağ

1 yumurta akı, dövülmüş

2-3 yemek kaşığı taze rendelenmiş parmesan

Un, polenta ve şekeri küçük bir kapta karıştırın. Tereyağını oklavayla kesin veya iri kırıntılara benzer bir karışım elde edene kadar parmaklarınızla ovalayın. Bulamaç oluşturacak kadar sirke ve buzlu su ekleyin. Hamuru unlanmış bir yüzeyde yaklaşık ¼/5 mm kalınlığında açın. Kurabiye kalıbıyla daireler halinde kesin ve yağlanmış fırın tepsisine dizin. Yumurta beyazını fırçayla sürün ve Parmesan serpin. 190°C/gazlı 5/fanlı fırın 170°C'de altın kahverengi olana kadar, 7-10 dakika pişirin. Tel raf üzerinde soğutun.

Kabak ve fasulye ile biber

Biraz limon sıkmak bu sıcak dana biberine ferahlatıcı bir dokunuş katar.

Karaciğer 6

450 g / 1 lb yağsız kıyma

yağlama için yağ

750ml/1¼ pint domates suyu

400 g/14 oz hazır domates sosu parçaları

400 g/14 oz kutu kırmızı barbunya fasulyesi, suyu süzülmüş ve

durulanmış

4 soğan, dilimlenmiş

2 büyük kereviz çubuğu, doğranmış

350 g balkabağı, doğranmış (2,5 cm/1 inç)

1 kırmızı biber, dilimlenmiş

130 gr kabak, dilimlenmiş

75 g mantar, dilimlenmiş

½ jalapeño veya diğer acı biber, ince doğranmış

2 diş sarımsak, ezilmiş

1½ çay kaşığı biber tozu veya tadı

1½ çay kaşığı öğütülmüş kimyon

tatmak için tuz ve taze çekilmiş karabiber

6 limon dilimi

Sığır eti, hafifçe yağlanmış büyük bir tavada, orta ateşte, kahverengileşene kadar yaklaşık 8 dakika pişirin ve bir çatalla parçalayın. 5,5 litrelik yavaş pişiricide, sığır eti ve tuz, karabiber ve limon dilimleri hariç diğer tüm malzemeleri birleştirin. Kapağını kapatıp kısık ateşte 6-8 saat pişirin. Tuz ve karabiberle tatlandırın. Kireç dilimleri ile servis yapın.

biber kar fırtınası

Kış akşamları için mükemmel bir biber. Dondurucuda biraz kıyma saklarsanız her zaman biber pişirebilirsiniz.

Karaciğer 6

450 g / 1 lb yağsız kıyma

yağlama için yağ

750 g/1¾ lb hazır domates sosu

275 g konserve barbunya fasulyesi, suyu süzülmüş ve durulanmış

275 g konserve siyah fasulye veya börülce, suyu süzülmüş ve durulanmış

275 g konserve cannellini fasulyesi, suyu süzülmüş ve durulanmış

4 soğan, ince doğranmış

1 diş sarımsak, ezilmiş

1 defne yaprağı

1 yemek kaşığı biber tozu

2 çay kaşığı şeker

1 çay kaşığı öğütülmüş kimyon

tatmak için tuz ve taze çekilmiş karabiber

Sığır eti hafifçe yağlanmış büyük bir tavada, orta ateşte, kızarana kadar 8 ila 10 dakika kadar çatalla kırarak pişirin. Sığır eti ve tuz ve karabiber hariç geri kalan malzemeleri 5,5 litre/9½ pint yavaş pişiricide birleştirin. Kapağını kapatıp kısık ateşte 6-8 saat pişirin. Defne yaprağını atın. Tuz ve karabiberle tatlandırın.

Ailenin en sevdiği biber

Bu süper kolay biber her yaştan kişiye hitap edecek.

Karaciğer 8

700 gr/1½ pound yağsız sığır eti veya hindi

yağlama için yağ

2 x 400 g/14 oz barbunya fasulyesi kutusu, suyu süzülmüş ve durulanmış

2 kutu domates 400 g/14 oz

225 g tatlı mısır (dondurulmuşsa çözülmüş)

2 soğan, doğranmış

½ yeşil biber, doğranmış

2 yemek kaşığı taco baharat karışımı

1 diş sarımsak, ezilmiş

½ çay kaşığı kurutulmuş kekik

tatmak için tuz ve taze çekilmiş karabiber

Ekşi krema

tortilla cips

Sığır eti, hafifçe yağlanmış büyük bir tavada, orta ateşte, kızarana kadar yaklaşık 10 dakika kadar, bir çatalla parçalayarak pişirin. Sığır eti ve tuz, karabiber, ekşi krema ve tortilla cipsleri hariç diğer tüm malzemeleri 5,5 litrelik yavaş pişiricide karıştırın. Kapağını kapatıp kısık ateşte 6-8 saat pişirin. Tuz ve karabiberle tatlandırın. Ekşi krema ve tortilla cipsi ile servis yapın.

Cincinnati Biberi

Beş Yollu Cincinnati Biberi bu şehrin biber salonlarında ün kazandı. Tatlı baharatlar ve bir tutam bitter çikolata ile tatlandırılan sos, tek başına (1 yönlü), spagetti üzerinde (2 yönlü), fasulye ilavesiyle (3 yönlü), doğranmış soğanla (4 yönlü) ve rendelenmiş peynirle servis edilir. (5 yol) yol).

Karaciğer 8

350g/12oz hindi veya yağsız sığır eti

yağlama için yağ

2 kutu 400 g doğranmış domates

225 g/8 oz. domates sosu

120 ml/4 fl oz su

1 soğan, doğranmış

4 diş sarımsak, ezilmiş

2-3 yemek kaşığı biber tozu veya tadı

1 yemek kaşığı kakao tozu

2 çay kaşığı kurutulmuş kekik

1 çay kaşığı tarçın tozu

1 çay kaşığı öğütülmüş yenibahar

tatmak için tuz ve taze çekilmiş karabiber

450 gr spagetti, pişmiş, sıcak

malzemeler: konserve barbunya, doğranmış soğan, rendelenmiş kaşar peyniri

Hindiyi hafifçe yağlanmış büyük bir tavada orta ateşte, kızarana kadar yaklaşık 5 dakika pişirin, ardından çatalla ufalayın. Hindiyi ve tuz, karabiber ve spagetti dışındaki diğer malzemeleri yavaş pişiricide karıştırın. Kapağını kapatıp kısık ateşte 6-8 saat pişirin. Tuz ve karabiberle tatlandırın. Spagetti ve soslarla servis yapın.

Kalabalık için tıknaz kırmızı biber

Bir parti için bu büyük kırmızı biber partisini çırpın ve bir grup DIY garnitürle servis edin. Veya akşam yemeği için hazırlayın ve daha sonra kullanmak üzere bir kısmını dondurun.

Karaciğer 16

1,75 kg/4 lbs yağsız biftek ızgara veya ızgara, doğranmış (2,5 cm/1 inç)

3 soğan, dilimlenmiş

1½ yeşil biber, dilimlenmiş

10 diş sarımsak, ezilmiş

2 jalapeño veya diğer acı biber, kıyılmış

4 kutu 400 g doğranmış domates

2 x 400 g/14 oz barbunya fasulyesi kutusu, suyu süzülmüş ve durulanmış

175 g/6 ons domates püresi

3-4 yemek kaşığı pul biber

1 çay kaşığı et suyu granülü

120 ml/4 fl oz su

25 g/1 ons mısır unu

tatmak için tuz ve taze çekilmiş karabiber

Tadına göre Tabasco sosu

Su, mısır nişastası, tuz, karabiber ve Tabasco sosu dışındaki tüm malzemeleri 5,5 litrelik yavaş ocakta birleştirin. Kapağını kapatıp kısık ateşte 6-8 saat pişirin. Dolana kadar ısıyı açın. 10 dakika pişirin. Kombine su ve mısır nişastasını ekleyip 2 ila 3 dakika karıştırın. Tuz, karabiber ve Tabasco sosuyla tatlandırın. Garnitürlerle servis yapın.

Maço biber

Erkekler için gerçek bir biber ama kadınlar da buna bayılacak!

Karaciğer 8

225 g domuz sosisi, kabuğu çıkarılmış

225 g/8 ons yağsız sığır eti

3 kutu 400 g doğranmış domates

400g/14oz konserve barbunya fasulyesi, suyu süzülmüş ve durulanmış

400 gr siyah fasulye, süzülmüş ve durulanmış

400g/14oz konserve nohut, suyu süzülmüş ve durulanmış

250 ml/8 fl oz sek kırmızı şarap veya domates suyu

3 soğan, kabaca doğranmış

1 yeşil biber, kabaca doğranmış

2 diş sarımsak, ezilmiş

1 küçük jalapeño veya başka bir acı biber, ince doğranmış

50–120 ml/2–4 fl oz Worcestershire sosu

1 çay kaşığı kuru hardal tozu

1 çay kaşığı kereviz tohumu

1-2 yemek kaşığı biber tozu veya tadı
½ çay kaşığı öğütülmüş kimyon
8 dilim pastırma, gevrek ve ufalanana kadar pişirilir
tatmak için tuz ve taze çekilmiş karabiber

Sosis ve sığır etini hafifçe yağlanmış büyük bir tavada orta ateşte, kızarana kadar yaklaşık 10 dakika pişirin ve çatalla parçalayın. Pastırma, tuz ve karabiber dışındaki eti ve diğer malzemeleri 5,5 litrelik yavaş ocakta birleştirin. Kapağını kapatıp kısık ateşte 6-8 saat pişirin. Pastırmayı karıştırın. Tuz ve karabiberle tatlandırın.

Sığır eti ile biber

Kimyon ve kekiğin yanı sıra bira da bu bibere derin bir lezzet katıyor.

Karaciğer 8

450 g / 1 lb yağsız kıyma

yağlama için yağ

2 soğan, doğranmış

1 yeşil biber, doğranmış

2 diş sarımsak, ezilmiş

1-2 yemek kaşığı biber tozu veya tadı

2 çay kaşığı öğütülmüş kimyon

2 çay kaşığı kurutulmuş kekik

2 kutu 400 g doğranmış domates

400 g/14 oz kutu kırmızı barbunya fasulyesi, suyu süzülmüş ve durulanmış

175 g/6 ons domates püresi

175 ml / 6 fl oz bira veya su

1 yemek kaşığı açık kahverengi şeker
1 yemek kaşığı kakao tozu
tatmak için tuz ve taze çekilmiş karabiber
50 gr kaşar peyniri, rendelenmiş
2 taze soğan, dilimlenmiş
120 ml/4 fl oz ekşi krema

Sığır eti, hafifçe yağlanmış büyük bir tavada, orta ateşte, sığır eti kızarana kadar yaklaşık 10 dakika kadar, bir çatalla kırılarak pişirin. Sığır eti ve tuz, karabiber, peynir, taze soğan ve ekşi krema dışındaki diğer tüm malzemeleri yavaş pişiricide karıştırın. Kapağını kapatıp kısık ateşte 6-8 saat pişirin. Tuz ve karabiberle tatlandırın. Her bir biber kasesine peynir, taze soğan ve ekşi krema serpin.

Rio Grande biberi

*Çok sayıda soğan ve öğütülmüş ve doğranmış et kombinasyonu,
bu bibere bol miktarda lezzet ve doku verir.*

Karaciğer 12

450 g / 1 lb yağsız kıyma

900 gr yağsız domuz eti, doğranmış (2 cm)

400 ml et suyu

2 kutu 400 g kırmızı fasulye, suyu süzülmüş ve durulanmış

2 kutu 400 g doğranmış domates

350 ml/12 fl oz bira veya domates suyu

100 g konserve yeşil biber, doğranmış

8 soğan, doğranmış

6 diş sarımsak, ezilmiş

25 g / 1 oz biber tozu (isteğe bağlı)

1 yemek kaşığı öğütülmüş kimyon

2 çay kaşığı kurutulmuş kekik

tatmak için tuz ve taze çekilmiş karabiber

1½ miktar kişniş-biber ekşi krema

Eti hafifçe yağlanmış geniş bir tavada, orta ateşte, çatalla parçalayarak, kızarana kadar pişirin. 5,5 litrelik yavaş pişiricide, sığır eti ve tuz, karabiber ve kişniş-acılı ekşi krema hariç diğer tüm malzemeleri birleştirin. Kapağını kapatıp kısık ateşte 6-8 saat pişirin. Tuz ve karabiberle tatlandırın. Acı biberli ekşi krema ve kişniş ile servis yapın.

Teksas acı biberi

Acılı sucuk, biber ve bol baharatlar bu biberi daha da güzelleştiriyor.

Karaciğer 8

350 gr baharatlı domuz sosisi (kabuksuz)

700 g/1½ lbs iri kıyılmış yağsız sığır eti

400 g/14 oz doğranmış domates konservesi

400 ml et suyu

Kavanozdan 400 gr domates sosu

400 g/14 oz kutu kırmızı barbunya fasulyesi, suyu süzülmüş ve durulanmış

400 gr nohut, suyu süzülmüş ve durulanmış

Bir kavanozdan 100g/4oz doğranmış yeşil biber, sıvıyla birlikte

1 büyük soğan, doğranmış

1 jalapeño veya orta boy kırmızı biber, ince doğranmış

2 yemek kaşığı acı biber tozu

½ çay kaşığı öğütülmüş kimyon

½ çay kaşığı kişniş

1 yemek kaşığı düşük sodyumlu Worcestershire sosu

tatmak için tuz ve kırmızı biber

Tadına göre Tabasco sosu

Sosis ve sığır etini hafifçe yağlanmış büyük bir tavada orta ateşte, kızarana kadar yaklaşık 10 dakika pişirin ve çatalla parçalayın. 5,5 litrelik yavaş pişiricide sığır eti ve tuz, kırmızı biber ve Tabasco sosu hariç diğer tüm malzemeleri birleştirin. Kapağını kapatıp kısık ateşte 6-8 saat pişirin. Tuz, kırmızı biber ve Tabasco sosuyla tatlandırın.